1.

LE
TABLEAU DE PARIS

PAR

Jules VALLÈS

LA FRANCE

II

1882 - 1883.

(Le pays des Émeutes .)

LE FAUBOURG SAINT-ANTOINE

I

C'est dans le faubourg Saint-Antoine que luit le premier éclair des révoltes; avant que la Bastille soit prise, la fabrique de Réveillon, le marchand de papiers peints, est attaquée par une foule en guenilles.

On met le feu à la maison, on casse ses côtes de pierre, on la démantibule et on la fouille, mais on ne vole pas un sou dans la caisse. Ils sont déjà les soldats d'une idée, ces faubouriens en haillons, et la guenille de fumée sombre qui flotte au-dessus de ces ruines est le premier drapeau noir des guerres sociales.

Vient l'attaque de la forteresse. C'est leur voisine; ils la connaissent, la gueuse, et ne la haïssent pas trop. Ils ont vu arriver chez elle des prisonniers qui ressemblent fort à leurs exploiteurs, à leurs bourreaux, gens de noblesse ou gens de robe.

17 Novembre 1882.

Dans cette Bastille, on n'enferme que des privilégiés, tous mépriseurs des pauvres. Mais le vent de la Révolution casse les égoïsmes d'un grand coup de son aile, et le faubourg ne s'attarde pas à ses rancunes et donne son coup de tête contre les murs !

Le faubourg Saint-Antoine restera, pendant toute la période tourmentée et sanglante, le bélier de la Révolution. C'est un des siens qui sera là quand on guillotinera Louis XVI, et criera : « Roulez tambours ! » quand le roi voudra parler. C'est Santerre, à la voix de tonnerre, le brasseur de bière et aussi le brasseur de sang. A toute émeute, à chaque orage, on écoutera ce que disent les sections de ce côté-là, et si le quartier aiguise les piques et a mis de côté son bonnet rouge, le bruit se répand d'une manifestation hérissée de fer.

Les ci-devants ou les ticoles n'ont qu'à bien se tenir. Saint-Antoine marche sur Paris !

C'est Saint-Antoine qui, soixante ans plus tard, hisse le pavillon social au sommet de la plus haute barricade de Juin : cette barricade, dont parle Hugo dans les *Misérables*, et c'est devant son tas de pavés que l'archevêque tombe blessé à mort. Malgré la répugnance des vainqueurs à avouer la vérité, il reste établi que le coup de feu qui atteignit le prêtre ne partit pas des rangs des vaincus.

En tous cas, le faubourg a l'honneur sanglant de rester le théâtre des chutes terribles et des solennelles agonies dans le tremblement de terre de la guerre civile !

C'est lui qui se rend le dernier, après avoir tenu comme une armée de réguliers, ripostant au canon par le canon, visant, du haut de ses cheminées, les généraux et les abattant comme des poupées. Il fallut faire l'assaut de ce faubourg comme d'une ville forte. Il fallut même, dit-on, pour le vaincre, manquer à la foi jurée. Qui sait ce que couvait de crimes le burnous de Lamoricière, entrant à cheval là-dedans par la brèche d'une barricade, sur laquelle était collée une affiche de Cavaignac qui mentait !

Les insurgés, eux, n'avaient pas menti. Il était du faubourg Antoine, celui qui avait jeté au gouvernement provisoire, le soir de février, la phrase célèbre : « Nous avons trois mois de misère au service de la République. »

Ils avaient donné leurs trois mois de misère.

Quand, le terme échu, ils se présentèrent à ceux à qui ils avaient fait crédit : « Qu'on les encaserne ! cria l'un. — Qu'ils aillent mourir chez les Arabes ! cria l'autre. — Un dernier, le ministre Marie, dit : Sabrez-moi cette canaille ! »

Cavaignac s'en chargea. Je me rappelle avoir vu, quelques jours après le massacre, sur un lambeau de mur, une glace qu'avait ménagée la bataille, et qui était

clouée là par miracle. Elle réflétait tout
le quartier blessé. Ah! que d'horribles
cicatrices !

Le faubourg Saint-Antoine garde donc
sous la seconde République sa physionomie de boulevard révolutionnaire et,
s'il ne donne plus de coups de tête
comme un bélier, il s'accule et se défend
comme un sanglier. Ses pavés portent
toujours marqués en rouge le chiffre de
la Révolution!

Cette saignée l'a apprauvri. Le meil-
leur des veines est parti, — le charnier
est gras et les pontons sont pleins. La
foi s'en va, le scepticisme vient!

Pas un député n'était avec eux en
Juin. Il n'y aura que vingt faubouriens
avec les députés en décembre!

Quand ils appellent au secours, ces
gens du Parlement, que le panier à sa-
lade emporte vers Mazas, le peuple rit,
en souvenir de ceux que les navires ont
portés à Cayenne! Quand un peloton de
représentants en écharpe crie : « Aux
armes! », les blessés de Juin montrent
leurs bras hachés par le yatagan afri-
cain et accusent les appeleurs aux armes
d'avoir été les complices de l'assassin!

Les écharpes tricolores vont seules au
combat, à peine un groupe de blousiers
s'accroche à elles.

C'est pourtant dans le faubourg qu'on
a dressé la barricade sur laquelle doit
tomber Baudin, ce sont des ouvriers du
meuble à dix sous l'heure (c'était le prix
d'alors) qui montent à côté de celui qui

voulut montrer comment on meurt pour vingt-cinq francs !

Vingt ans plus tard, c'est encore dans une rue du faubourg que s'installe le parc de l'artillerie populaire, et que siége le comité central : Rue Basfroi, 10. l'histoire s'en souviendra.

C'est là aussi, dans la même maison, sur le même rez-de-chaussée, que la commission de l'ébénisterie a dernièrement décidé la grève qui peut jeter trente-cinq mille hommes sur le pavé !

Peut-être les Falloux et les Maries du jour, embusqués à Chantilly ou rue Saint-Didier, espéraient-ils acculer ces trente-cinq mille hommes dans le désespoir et la bataille ! Mais il semble que les fabricants de meubles voient plus clair que les fabricants de complots et sachent mieux que les gouvernants quelle est l'âme du peuple d'aujourd'hui, et il paraît que la grève va finir, les haines de classe à classe, de patrons à ouvriers, devant, suivant les philosophes tranquilles, se fondre dans un contrat nouveau entre le Travail et le Capital ; suivant des penseurs plus violents, les deux partis n'étant pas prêts pour le combat ou le triomphe — le peuple sûr d'être écrasé, le Capital effrayé à l'idée des ateliers déserts, des outils de rapport tués dans la personne des fusillés, et de l'art de luxe exporté vers les fabriques étrangères à la semelle des souliers chaussés par les proscrits !

Mais tout en avant la mine d'un ré-

volté et d'un quartier d'avant-garde,
quoiqu'il montre sa plaque d'honneur de
la rue Sainte-Marguerite, et que le rez-
de-chaussée de la rue Basfroi soit ouvert aux rebellions du travail, comme il
l'était aux colères du patriotisme, le
faubourg Saint-Antoine n'est plus ce
qu'il était, et ce n'est pas du fond de ses
entrailles noires que partira désormais
le grand cri des agitations populaires.

Ce n'est point parce qu'elles ont été
trop lavées par le plomb. Ces lessives-là
ne font pas si grand mal, et ce sont les
terrains ensanglantés qui voient passer
le plus dru les épis de fer de la révolte ?
Mais le progrès social, qui n'avançait
jadis que la fourche ou la pique à la
main, puis, qui eut le fusil et le canon,
se montre aujourd'hui armé d'autres outils, les outils même du travail, les simples outils de métiers, que le travailleur
brandit au-dessus de sa tête, et dont il
menace ceux qui veulent l'affamer.

Il peut assommer avec son joug ceux
ceux qui parlent de l'asservir, ce bœuf,
qui, un jour, refuse d'aller au sillon, sur
lequel il s'épuise sans pouvoir espérer
sur la moisson du maître, le blé qu'il lui
faut pour lui et ceux de son étable !

La mise à l'index, c'est la mise en joue
des temps de trêve !

A côté de ceux-là, d'ailleurs, qui relèvent la tête, il y en a qui, tout aussi
braves, sont forcés de rester le cou ployé
et l'échine courbée non pas devant le pa

tron, mais devant l'etabli; ils n'ont pas le temps de penser à s'évader, enchaînés qu'ils sont sur le *thread mill* du travail.

Vous savez ce que c'est que le *thread mill*, un moulin qui ne moud rien et que font mouvoir les condamnés aux travaux forcés anglais! Si un homme s'arrête, il est broyé, — il faut toujours qu'il marche, sans avancer — qu'il marche, marche, ce juif-errant du vide! Ainsi du *choûtier* misérable, du spécialiste, dont l'auvergnat emporte le travail sur son dos et qu'il va offrir de porte en porte au marchand qui le renvoie tout le jour et l'attend le soir, à l'heure de la faim!

C'est la Trôle!

Nous allons suivre les trôliers!

Jules Vallès

10

(*La tôle*)

LE FAUBOURG SAINT-ANTOINE

II

Quelquefois, la femme ou l'enfant suit le meuble auquel tout le monde a travaillé, et dont tout le monde attend la vente pour manger la soupe et boire un verre de vin, bien gagné après tant de coups de rabot !

Mais, le plus souvent, le porteur part seul et il peut devenir alors le complice de l'acheteur, du petit marchand du faubourg ou de l'agent des grandes maisons comme de Louvre et le Bon Marché, qui s'embusquent aussi pour saisir le trolier en route.

Le commissionnaire tient le sort du vendeur lié à ses crochets et il est naturellement tenté d'être contre le pauvre pour le riche. Il aura sa commission sur la détresse du *choutier*; et il le trahira, pour peu qu'il soit un malhonnête homme.

24 Novembre 1882.

Certain soir, il lui arrivera de rentrer bredouille chez le pauvre petit spécialiste qui a besoin de son argent pour manger, et il avertira le ménage désespéré qu'il a en vain couru partout, que personne n'a voulu du meuble traîné depuis le matin! Il fera mine de déposer l'objet coupable et demandera qu'on l'aide à se débarrasser du fardeau. Puis, faisant l'attendri, il repassera les bras dans les sangles, et offrira à l'affamé de prendre le meuble à son compte, il possède quelques économnies et a les moyens d'attendre un moment plus propice pour écouler la marchandise avilie. Mais il n'offre qu'un prix infime; le choutier hésite, se défend! pourtant il faut avoir la force de se remettre à l'ouvrage, dès ce soir, ou demain matin, au lever du jour; pour cela il faut se refaire, et le choutier qui a le ventre creux, accepte ce que lui propose le portefaix; il est déjà son obligé, lui doit sa course et devient sa victime, chair à travail, chair à usure !

On cite quelques-uns de ces commissionnnaires qui ont des magasins à eux, meublés par la famine, et l'on m'en a montré deux qui étaient sur le chemin du million.

Pas besoin d'apprentissage et point de déchet ni de pertes dans le métier. Ils n'usent pas leurs bras, n'usent pas non plus de bois et de vernis ; ils usent le temps voilà tout, et chaque lambeau de ce temps-là est payé Il y a tout profit à reculer longtemps, le meuble aux reins, sans le vendre.

Toujours exploité, et toujours affamé le malheureux petit ouvrier en chambre !

C'est le paria de la profession, ce petit choutier que tiennent en échec les gens de petits magasins et de grands bazars, et que tient en laisse le *fouchtra* lui-même, qui n'a que son dos et avec ce dos-là se fait des rentes.

Pourquoi n'essaie-t-il pas d'entrer dans un atelier ? Mais les ateliers sont pleins déjà ! La place manque, tous les établis sont pris — ou bien le commerce languit et il n'y a pas d'ouvrage même pour ceux qui sont des familiers de la fabrique et les travailleurs ordinaires de quelque Majesté du Meuble.

D'ailleurs, il faut être un habile et un fort pour être embauché chez ceux qui paient bien, et l'ouvrier *faît*, capable de tenir son bout, devient plus rare tous les jours.

On a abandonné le Tour de France, la promenade à travers les grandes villes, qui n'amenait pas seulement le compagnon au cabaret de la Mère, mais qui le conduisait à des travaux divers, si bien qu'après ce tour de France, un ouvrier du meuble connaissait toutes les parties de son métier, était capable de travailler dans le luxe ou le bon marché, capable de faire un chef-d'œuvre en bois des îles ou en bois blanc. Il n'était pas condamné à une spécialité, comme ceux qui, pressés de gagner, s'enchaînent, du premier jour, a un travail facile et limité dont ils sont les forçats jusqu'à la vieillesse et à la mort !

On choisit la meule dont l'on sera l'esclave, et l'on tourne éternellement cette meule-là comme un cheval aveugle !

Celui-ci a trouvé le joint pour abattre son buffet en tant d'heures, cet autre vous bâtit une armoire en tant de jours, un dernier vient à bout des étagères en un tour de main ; on se perfectionne et on s'encroûte dans cette production hâtive et monotone. On perd la main pour les besognes fines, et l'on est choutier à perpétuité.

Ça marche encore quand on est jeune. Alors, à trois ou quatre, dans un petit atelier du faubourg, frères, cousins, camarades, on peut entreprendre de fournir à quelque marchand telle série de meubles que l'on s'est habitué à construire, en dehors de tous autres, de façon à aller vite en besogne.

Il y a de belles journées à se faire, même chez les choutiers, quand on est fort et qu'on n'a pas encore de cheveux gris. Mais quand l'âge arrive, les commandes s'en vont, parce que dans le meuble il faut de la poigne pour raboter et pour plaquer : la poigne partie, adieu le bon salaire ! adieu le travail ! plus de pain !

Plusieurs maisons du côté de la rue de Charonne sont toutes pleines d'ouvriers de ce genre qui ont leur établi chez eux et qui travaillent pour la trôle.

Quelques-uns de ces ouvriers portent un nom spécial. On les appelle les *Ledru-Rollin*, parce que les bâtiments, où ils ont leur nid appartenaient à l'ancien montagnard de 1848, et sont encore aujourd'hui la propriété de sa veuve.

Bâtiments lugubres, enfer des pauvres ! Murs délabrés, moisis : corridors sans fenêtre, où le jour arrive d'on ne sait où, louche et triste, pavés de carreaux usés, rongés, déchaussés et boueux. On ne voit pas clair là-dedans en plein midi, et il se dégage parfois, des latrines, une odeur qui empeste la maison.

Il faut pourtant donner trois cents francs au moins pour avoir de quoi se loger dans cette caserne des misères, dans ce bagne d'ouvriers libres. Pour trois cents francs, on a juste un bout d'atelier, et, derrière une cloison, la place d'une commode, d'nn petit fourneau et d'un lit, à côté duquej il y a souvent la couchette d'un grand garçon ou le berceau d'un nouveau-né.

Dans un de ces logis-là, j'ai vu une femme qui agonisait. Elle coûte l'argent des remèdes et ne rapporte rien. Elle *vernissait* autrefois et c'était autant de gagné !

Il faut maintenant que l'homme se lève une heure plus tôt, se couche une heure plus tard et il n'a guère plus de bénéfices qu'autrefois, parce que ceux qui lui achètent les commodes savent, par le porteur lui-même, qu'il les livrera à n'importe quel prix, au dernier moment, pour que la femme ait de la tisane et du sucre, pour que le médecin revienne, parce qu'il ne reparaîtrait peut-être pas si, après tant de visites, on ne lui donnait pas un peu d'argent !

Allez chez les *Ledru-Rollin*, frappez à quelques-unes des portes qui ouvrent sur ces couloirs obscurs et empestés, et vous verrez combien elle est honnête, modeste et courageuse cette race ouvrière si souvent fusillée et toujours accusée de basses passions, de méchants vices, dès qu'en son nom quelques-uns relèvent la tête et demandent qu'on leur paie le travail ce qu'il vaut.

Mais si l'on n'attendait que des spécialistes, choutiers, troliers, le signal des revendications et des augmentations de salaire, les ouvriers du meuble auraient encore pour longtemps du pain bien noir, et pas lourd, même, de ce pain-là, sur la planche où sont les outils d'atelier.

Ce ne sont pas les plus pauvres qui se révoltent et font les insurrections de métier. Ceux qui ont eu trop de misère n'ont plus d'espoir et n'essaient pas de se rebiffer : ils restent le front courbé sur leur ouvrage — il faut *masser*, masser pour manger, et l'on n'a pas le temps de se rendre aux meetings socialistes, à peine aux assemblées du corps d'état; on n'a pas une heure de libre pour aller causer de liberté.

Quand la bande des ouvriers de fabrique revient des réunions ou des comités, on est encore à l'établi dans les petits ateliers de la rue de Charonne. On aperçoit de la lumière aux fenêtres des *Ledru-Rollin* et l'on entend le chantier scier du bois et raboter des planches !

Aux jours de bataille, on verra des *Ledru-Rollin* descendre comme les camarades dans la rue ; mais il est sûr que les chefs des mouvements ouvriers et des combats populaires sont toujours ceux qui touchaient la meilleure paye et avaient les moyens d'acheter des livres et d'étudier ; qui pouvaient consacrer des heures à la cause commune et avaient le droit de crier à ceux qui les insultaient ou les fusillaient : « Ce n'est pas pour nous que nous réclamons, nous avons de quoi vivre : c'est pour ceux qui ont juste de quoi ne pas mourir ! » — prouvant ainsi qu'au-dessus des réclamations publiques flotte toujours la belle idée de sacrifice !

Les chefs de la grève du meuble ne sont pas des ouvriers en chambre, et on ne les rencontre pas sur le Calvaire de la Trôle.

Ce sont les artistes en leur genre dont les grandes maisons ont besoin : elles passeront sous les fourches caudines du règlement qu'ils leur imposent, afin de ne pas abandonner à des mains inexpérimentées et malhabiles des commandes qui valent de l'or. On peut bien lâcher un peu plus de cuivre, transiger sur une question de tous, en faveur de tous, avec l'artiste seul capable de mener un travail à bonne fin, alors même que cet artistelà prendrait des airs de révolté et semblerait vouloir faire la loi aux patrons. |

— Quitte à se venger plus tard !

Ah ! c'est là l'inconnu ! Tant qu'il n'y aura pas un grand livre du travail tenu librement et en public, les victoires d'une corporation ne prouveront rien, et le faubourg Saint-Antoine ne doit pas se figurer qu'il a gagné décidément la victoire parce que quelques patrons ont mis les pouces.

Les *Ledru-Rollin* continuent à bûcher comme des sourds et n'en sont pas plus riches. Le peuple de la rue de Charonne et la rue Basfroid paraît avoir gardé l'esprit de révolte, grâce à cette récente agitation, et pourtant je crois que la haute barricade d'Hugo ne se relèverait pas menaçante comme autrefois. C'est à Montmartre que serait le trépied de pierre des grands inspirés de la foule en habits de travail.

Mais aussi le prix du loyer a poussé le peuple plus loin, et le faubourg Saint-Antoine n'appartient plus aux enfants de Paris, pas même, dans certains coins, à la France.

Nous allons y trouver des Bretons qui vendent de l'ail bénit, des Italiens qui montrent des marmottes, et des bataillons d'Allemands !...

JULES VALLÈS

LE FAUBOURG SAINT-ANTOINE

III

Au moment de la guerre, le faubourg se dépeupla, et, quelque temps après, les défenseurs de la patrie française pouvaient reconnaître d'anciens voisins d'établi dans les sentinelles prussiennes qui venaient monter la garde à la porte des villes conquises — ou livrées !

Mais tout vainqueurs qu'ils fussent, les Allemands, ils étaient moins redoutables, les armes à la main, l'orgueil au front, qu'ils ne l'avaient été et menacent encore de l'être, dans le combat sourd de l'atelier.

Capables d'obéir à la discipline des camps sans broncher, ils n'ont jamais osé accepter la solidarité des dangers obscurs que fait courir aux travailleurs la lutte contre le patron injuste, u nom d'un programme commun que l'on défend ensemble et qu'on ne lâche que quand la corporation tout entière a décidé qu'il fallait se rendre. Les Allemands du faubourg Saint-Antoine vont

1ᵉ Décembre 1882.

s'offrir au rabais au fabricant que l'atelier a mis à quarantaine et coupent ainsi le poignet aux grèves. Spectacle douloureux, quelle que soit l'opinion qu'on ait sur la question sociale ! Ce sont des étrangers — et ceux-là ! — qui font à Paris pencher la balance dans les grands débats du travail !

Pas plus tard qu'hier on a entendu des patrons répondre aux délégués de la *muse à l'index* que les *Deutschs* étaient là tout prêts à boucher les trous que creusaient le départ des adhérents au syndicat — et c'est ainsi qu'après avoir été des envahisseurs, ils sont encore des traîtres !

Quelques-uns sans doute entrent dans le mouvement général et profond, mais la plupart restent des ennemis. Comme des espions de guerre qui s'exposent à la faim et au supplice pour égarer la marche d'une armée, ils entravent la marche du faubourg en grève, aux dépens de leur propre salaire, et en acceptant d'avoir seulement pour vivre un morceau de pain noir !

De loin même, l'Allemagne tire sur les travailleurs du quartier Saint-Antoine et les blesse au flanc, et leur envoie de la mitraille de misère au ventre !

Savez-vous que tous les mobiliers de salle à manger modestes : buffets, chaises et tables, ne sortent pas des ateliers français, mais arrivent tout droit de là-bas, du pays des cuirassiers blancs ? Cela coûte, tout rendu, moins cher que cela ne coûterait fait à Paris, même chez le

trôleur le plus pauvre, chez le choutier
le plus maigre !

Dans la balance où l'on a pesé les cinq
milliards, il n'y avait pas seulement l'or
de la France et le sabre du Brennus prussien, il y avait aussi une varlope de me-
nuisier !

Et il n'est pas un coin du faubourg où
l'on n'entende le *ya* des éternels baissiers
allemands !

Les Italiens abondent aussi, mais ils
ont adopté des parages.

Les montreurs de singes ou joueurs de
violon se tiennent dans la rue Sainte-
Marguerite et les environs. Près de l'endroit où tomba Baudin ? *Si signor !*

Elle est si noire et si triste, et si mal
famée par places, cette rue-là, si peu digne de la renommée qu'elle a dans l'histoire! Les gens de métier interlope y
trouvent un abri pour leurs instruments
de mendicité; dans les petits hôtels bor-
gnes qui sont là on ne demande pas beaucoup d'argent pour un cabinet qui ser-
vira de refuge au maître et de ménagerie
aux bêtes.

Tous les faubourgs ont leurs allées
sales ou infâmes ; mais la population
italienne qui grouille par ici fait double
tache sur le pavé du faubourg révolutionnaire. Elle représente la fainéantise ;
elle représente aussi la piété vile et
veule, en plein pays de gouaillerie parisienne et d'impiété populaire, dans l'ar-
rondissement où est la statue de Voltaire.

et où deux archevêques sont tombés morts, par un hasard singulier des guerres civiles !

Tous les dimanches, ces Italiens envahissent les églises du quartier ; les hommes y vont le matin, les femmes y vont encore le soir, et c'est une procession de lazzarones dépaysés, qui ont besoin de toujours demander l'aumône, aux passants ou à l'Eternel, des sous dans du papier ou du pain bénit de la corbeille, ils veulent absolument avoir une âme, ces mendiants.

Les Bretons se mêlent à eux et s'agenouillent à leurs côtés dans les chapelles !

Pourquoi ont-ils choisi ce coin-là pour y vivre, tous ces marchands d'ail qui ont gardé le costume national depuis la guêtre jusqu'au chapeau ? Ils occupent presque toute la rue Mercœur et quelques bâtiments tristes voisins des vieilles maisons abattues par la ville. On dirait un bataillon de chouans dans le quartier général des *bleus* !

Reste pour peupler le faubourg, la bande des Auvergnats. Ils occupent ceux-là, la rue de Lappe, le passage Sainte-Marie et des Taillandiers. Leurs rez-de-chaussées sombres ressemblent à des arrières-boutiques d'inquisition où l'or vendrait le bric-à-brac de la torture et où l'on pourrait trouver rouille de sang et rouille de larmes sur les ferrailles qui traînent dans la poussière et la boue tordues et cassées comme des carcasses de suppliciés.

La femme qui coud là à la chandelle et l'homme qui remue ce cuivre et cet acier ternis et souillés, ont l'air de captifs tenus au pied par quelques-unes de ces chaînes qui pendent d'ici de là au cou des enclumes ou des gueuses.

Captif? Il n'y a qu'une prisonnière qui s'appelle la fortune; ils ont, ces Auvergnats, ramassé dans ce fumier de métal, des pépites d'or plus grosses que les chataignes du Puy-de-Dôme et du Cantal !

Tous riches, ces marchands de vieillerie, ces acheteurs de poèles et de fourneaux fendus, de pompes qui ont le croup, de machines à qui la vieillesse ou l'accident a crevé la poitrine. Ils paient comptant tous ces débris qu'ils reboutent comme les bergers de leur pays reboutent les pattes foulées, et qu'ils peuvent vendre comme bien portants, quand ils sortent de leur hôpital de la rue de Lappe.

Gens de labeur, et qui ne ménagent pas leur peine, et qui ont vécu de pain et de fromage pendant les premières années, qui portent le vin comme les autres quand on fait la noce, qu'on reçoit un *cougin* ou qu'on marie une *payge*, mais qui ont commencé par porter l'eau, du temps où il suffisait d'avoir froid près des fontaines et de monter trente escaliers par jour pour amasser le boursicot, qui servait à alimenter la boutique de charbon ou à installer la boutique de ferraille.

Leur place, à ceux-là, était marquée dans le faubourg Antoine. Quoiqu'il vive de ceux qui attaquent le bois, c'est dans un coin de sa terre foulée par les machines et les canons, que les machines et le canon devaient avoir leurs invalides, et la rue de Lappe est la fosse commune des instruments du Travail et de la Guerre !

La fosse commune ! Il y a celle des pauvres et des vaincus, là haut, au Père-Lachaise, et une des industries du faubourg est la fabrique des couronnes, des couronnes d'immortelles jaunes et des immortelles rouges, de celles qu'on décroche à une croix et de celles qu'on met à sa boutonnière d'impie puisqu'on les lance vers la terre, comme Marius jeta son sang vers le ciel !

Saint-Antoine domine Paris du haut de ce cimetière, où sont arrivés les corps de tant d'hommes, partis de la Bastille !

Dans ce quartier-là, il y a aussi la petite Roquette et la grande, celle des enfants condamnés à la vie et celle des hommes condamnés à la mort ou à l'agonie, à l'échafaud, au bagne ou à la centrale.

Toutes les douleurs comme toutes les colères sociales ont tenu dans ce faubourg Antoine.

Jules Vallès

(Fin de la Légende.)

LE QUARTIER LATIN

I

Comme nous sommes loin du temps où l'on aurait pu symboliser ce quartier-là par un groupe sculpté dans de la terre de pipe et représentant un grand garçon en habit à la française et en béret rouge, qui embrassait une fille en bottines de coutil et en bonnet de linge : l'étudiant et la grisette !

En 1847 déjà, un de ces étudiants chantait le *De profundis* de cette bohème dans une chanson célèbre :

Mon béret rouge, en te voyant paraître
Chaque mouchard se sentait le frisson.
Je t'agitais, joyeux, sous la fenêtre
De Lamennais sortant de sa prison.
En conduisant Laffitte au cimetière
Je te tenais pieusement à la main ;
Mais l'on t'arrête au seuil de la Chaumière
Non, tu n'es plus, mon vieux quartier Latin !
Sophie Ponton, au fond de ta province
En tricotant le soir, loin du Prado,
N'entends-tu pas comme un diable qui grince
A ton oreille un air de Pilodo ?
Au souvenir du bon temps, pauvre fille,
La laine échappe à ta rêveuse main,
Ton cœur s'émeut : va, reprends ton aiguille,
Non, tu n'es plus, mon vieux quartier Latin !

Pilodo, le Prado, la Chaumière, Laffite ! Sophie Ponton !

8 Décembre 1882

La légende n'en a pas moins la vie dure et je ne suis pas sûr, aujourd'hui même, que, dans le fond de cette province où Sophie est allée mourir, il n'y ait pas encore des *petits jeun' hommes* qui croient que la chanson mentait.

Mais la révolution a traversé les rues de la rive gauche, tout comme elle a longé les faubourgs.

C'est au Prado même que, le soir du 24 février, Blanqui convoqua ses sectaires et que fut discutée, du haut de l'orchestre changé en tribune, la question de coiffer la République nouvelle de ce béret qui s'appelait le drapeau rouge, après avoir, au préalable s'il le fallait, jeté le gouvernement provisoire au peuple, qui l'aurait avalé dans son remous, comme les cages à pigeons que j'ai vues hier tourbillonner dans l'inondation !

En Juin, le Panthéon, voisin de l'Ecole de droit, fut le dernier asile des insurgés de la rive gauche. En Mai 71, on sait que c'est là que tomba Millière.

Quand de pareilles secousses ont secoué le coin d'une ville, il en reste des traces et des frissons.

On ne flaire pas du premier coup la fièvre nouvelle, on ne sent pas le frisson local dès en entrant, et le Pilodo du jour continue à faire danser la jeunesse sur un volcan dont la bombe est cuite et cachée par des fleurs : mais là, comme partout, les événements ont fait marque, et en pleine noce, griffé au visage garçons et filles.

« Est-ce un mal ?

Sans doute, il y avait du pittoresque dans ce débraillé, et par moment on se serait cru dans un quartier du moyen âge, quand on entendait les ébats de ces escholiers !

Mais il y a trente-cinq ans déjà que le spectre de Banquo se tenait,

Alors qu'ils semblaient représenter la liberté que les doctrinaires à calotte de velours appelaient même la licence, si les flammes de punch semblaient se tordre en torche d'émeute, — alors que le quartier Latin semblait le pays de l'insouciance gauloise et le bivac d'avant-garde de la République, il était simplement l'asile d'une race blessée au flanc et qui était sur le chemin de la mort.

Ces étudiants étaient les rejetons de cette petite bourgeoisie qui avait grandi à l'ombre de la Révolution française et, sous le parapluie de Louis-Philippe, fait son magot.

A elle alors les places et les honneurs !

Par ce temps de privilège électoral, les privilégiés s'achetaient, et le pouvoir payait ceux qui lui envoyaient des députés pourris. Il payait, non pas en monnaie sonnante, mais en monnaie gracieuse, et les fils bénéficiaent de la complaisance des pères, — laissés libres, ces jeunes garçons, de chahuter à la Chaumière, de bousculer même les sergents de ville et au besoin de les rosser un peu.

On fermait les yeux sur les bris de clô-
ture et les bris d'argent ; on permettait,
comme la chanson le dit, la houle des
bérets sous les fenêtres des populaires.
Les moutards pouvaient jeter leur gourme ! les papas votaient.

Tout le monde se rangera, et les jeunes feront à leur heure, comme les
vieux ! Leur intérêt les mènera par le
bout de l'oreille à la même sagesse et à
la même servilité. Revenus au foyer, ils
lâcheront l'idée de boucan patriotique
comme ils ont lâché les amours de quartier, et ils épouseront les opinions
sages, comme ils se marieront à une
femme de leur classe.

Ce sont eux qui feront à leur tour
poursuivre les Lamennais nouveaux et
tonneront contre les Sophie Pontons anciennes, tombées dans le proxénétisme ou
la mendicité.

Ainsi raisonne le pouvoir avant 48, tel
il se montre sournoisement indulgent
pour la jeunesse qui fait des émeutes sans
fusil ou des noces fatales seulement aux
sergents de ville, dangereuses pour les
tricornes et non pour la Couronne.

Mais le suffrage universel arrive avec
la République, la Société anonyme avec
l'Empire : l'un tue l'influence, l'autre
tue la fortune entre les mains de la classe
moyenne !

La vapeur s'en mêle ! Elle crache au
nez du petit commerce, de tous les na-
seaux de ses machines — et la fabrication
modeste et vaillante, mais limitée et ap

pauvrie, qui faisait vivre les humbles
par milliers, cette fabrication va mourir
toussant dans des flots de fumée, noyée
dans une bouillie d'or !

Le capital sans nom tuera sans pitié
tout un monde — faisant besogne de révolutionnaire, un peu mieux que les naïfs
en blouse, qui s'exposaient à être fusillés
en fusillant. La Société anonyme a tordu
le papier bleu de ses actions, le suffrage
universel, le papier blanc de ses bulle-
tins; et en nouant les deux chiffons, on a
eu une corde qui a étranglé net la petite
bourgeoisie, étranglé la fortune des pères,
étranglé l'avenir des fils ! Et voilà pourquoi le quartier Latin n'a plus son insouciance de jadis, et son débraillé d'autrefois.

La petite boutique agonise, défendant
mal les comptoirs de bois blanc, contre
les comptoirs à pieds de bronze des magasins énormes, dans la caisse desquels
se sont vidés tous les bas de laine !

Petits drapiers, merciers, marchands
de pommade, de rubans, de porte-monnaie ou de parapluies, gagnent à peine
de quoi acheter en livres de pain et en
petit vin du pays ce que le Louvre offre
en brioches et en liqueurs fines à ses vi-
siteuses gourmandes ou aux réfractaires
affamés.

Il fallait dire cela au seuil du quartier
Latin, et constater comment il avait été
dépeuplé, meurtri au moins — par la maladie d'une époque !

Nous devons regarder chaque coin de Paris de haut, comme ceux qui vont attaquer une ville se postent sur un point élevé, pour avoir une vue d'ensemble avant de plonger dans les divers quartiers et de fouiller chaque rue ou de canonner telle maison.

Cela ne nous empêchera pas de rire avec l'étudiant d'aujourd'hui, là où il rit : quitte à voir si ce rire-là ressemble au rire ancien,

> A celui des aïeux,
> Qui jaillissait du cœur comme un flot de vin
> | vieux.

Où donc la Muse de la gaieté trinquerait-elle avec le Démon de l'ironie, sinon dans le pays des jeunes ? Mais il est nécessaire de connaître l'âme d'un camp avant de parler d'une armée, et l'Histoire doit venir sur le devant de la scène avant qu'on lève le rideau sur la Comédie ; la Comédie qui porte un masque dans les attributs antiques, mais qui, dans le monde nouveau, a souvent à la face le rouge que font les épées — que les acteurs soient jeunes ou vieux, qu'ils aient l'âge des vaincus de Décembre ou l'âge des danseurs de Bullier !

Jules Vallès

LE QUARTIER LATIN

II

Ce n'est plus le même monde, qui depuis le triomphe du Coup d'Etat, a débarqué aux environs du Luxembourg et du Panthéon, et fatalement, ce n'est plus la même existence qu'ont menée les débarqués.

Après tout, le béret des bousingots, bien qu'il prît des airs de casque révolutionnaire à certains moments, n'était que la calotte paternelle débarrassée de sa visière : une coiffure de coin du feu. L'étudiant était dans son quartier comme chez lui, et l'hôtel qu'il habitait avait des mœurs aussi routinières que la maison où il était né au fond d'un département. Il se croyait un grand irrégulier et même un révolutionnaire, alors qu'il restait dans Paris même un provincial, grâce à l'espèce de muraille de Chine qui le séparait de la ville et l'isolait dans ses rues obscures et humides, étroites et entortillées. Elles appartenaient tout entières à lui et à la population de fournisseurs qui ne vivait que de l'enseigner, le nourrir ou l'abreuver

La jeunesse rôdait là-dedans en souve
raine, mais en souveraine de village.

C'était une espèce de caserne, ce quartier avec ses retranchements naturels,
défendu par des ruisseaux boueux et des
portes basses ; avec ses estaminets où
tous se connaissaient comme dans les can-
tines. La police en s'y hasardant avec
crainte ne faisait qu'imiter le soleil qu
osait à peine dorer les carreaux des man
sardes.

Mais toute l'originalité s'écroula avec
les murailles que mirent à bas les plans
nouveaux, et, au grand jour, la réputation violente et l'aspect bizarre de ce
faux Mont-Aventin, s'envolèrent dans la
poussière des démolitions !

Qui put reconnaître la patrie du débraillé et du tapage dans ce pays dont
la moitié avait été expropriée comme la
moitié de la nation, quand Haussmann y
eut ouvert des routes assez larges pour
que la lumière les inondât et pour que les
canons y roulassent à l'aise, en même
temps que la grande Spéculation com-
merciale ne faisait qu'une bouchée des
petits débitants amaigris et désar-
més !

On ne peut plus envoyer son fils faire
sa médecine ou son droit, la vie étant
plus chère dans les hôtels neufs du quartier, tandis que le bénéfice est devenu
moindre dans la vieille boutique de province !

Mais la pioche n'eût-elle point passé
par là, et quand même les blessés de la

"boutique auraient été encore capables de se saigner assez pour entretenir leurs fils sur le pavé de Paris, les étudiants étaient condamnés à perdre leur allure antique et à prendre mine nouvelle.

Jadis, on ne sortait pas plus des vieilleries et de la routine quand on avait la robe d'avocat, qu'on n'était sorti du quartier quand on avait l'habit d'étudiant.

Les procès étaient toujours les mêmes, les arguments étaient mâchés, les arrêts classés, l'ornière creusée. Il n'y avait plus qu'à avoir le bagout personnel pour plaider devant une chambre civile de province avec éclat et profit. On trouvait dans la bibliothèque de famille les grands classiques de la procédure qu'on n'avait qu'à consulter, côté du dossier, puis à invoquer en face des juges !

Mais la révolution financière et industrielle, en ouvrant tout à coup les portes à des contrats nouveaux entre la foule et les compagnies, entre les acheteurs et les vendeurs de titres, entre les emballés et les emballeurs de la cupidité, cette révolution-là obligeait les élèves du vieux Code à courir du côté où la roue de la Fortune tournait maintenant, et où le char écrasait des gens qui appelaient au secours ! Ils demandaient, pour sauver leur argent ou sauver leur honneur compromis dans cette mêlée, des défenseurs qui connussent les lois fraîches de la Bourse; et les cadets des anciens housingots n'avaient qu'à couper leur crinière à arborer le tuyau de poêle et la redingote noire, à descendre des hauteurs, pour aller se frotter à leur future clientèle, roulés dans le torrent des émissions, et portés par son flot houleux jusqu'à la rue Vivienne !

Qu'auraient dit leurs ancêtres !

Jadis, on rencontrait des étudiants qui n'avaient pas vu le camp des riches, qui n'étaient jamais sortis de leur bivouac et y avaient vécu des années, comme des dragons dans les casernes, en pantalon d'écurie !

Aujourd'hui, l'étudiant traverse la Seine, passe les ponts, et vit la moitié du temps *de l'autre côté de l'eau !*

Quelques braves gens s'en plaignent, quelques esprits libres s'en étonnent.

Et pourquoi ?

Il faut marcher avec son époque, ou entrer en rébellion ouverte contre elle, et même, pour cette lutte-là, il s'agit d'approcher l'ennemi.

L'étudiant « qui passe l'eau » est accusé par les puritains et les simples d'aller du côté de la Gomme; il va simplement du côté de la vie !

C'est encore la vie factice. Mais avez-vous ouvert à cette jeunesse le champ de manœuvre du travail moderne ?

Entre les frontières du quartier, je n'ai pas surpris un œil de braise au fond d'une forge, ni entendu une machine souffler avec des hoquets soulevant sa poitrine de fer, je n'ai pas vu un serpent de fumée noire se tordre au-dessus des cheminées d'usines, colonnes Trajanes du monde nouveau !

On n'étudie que la mort dans ce quartier Latin, où s'engouffre tous les ans une génération pleine de sève, et dans les veines de laquelle bout, frais et rouge, le courant du sang gaulois !

C'était acceptable au temps où l'on reprenait, comme en Egypte, le métier humble ou la profession haute du père, où il n'y avait qu'à entrer dans sa robe de chambre ou son paletot de magasin. Mais, maintenant que tout a été modifié et troublé par les accidents de l'histoire, maintenant que personne n'est sûr de garder sa place ou son argent, tant la politique et la Bourse ont de singuliers et terribles soubresauts ! maintenant qu'il s'agirait de donner aux jeunes l'éducation qui assure le pain en leur fournissant l'outil d'une besogne utile, on continue dans le pays Latin à apprendre ce qui ne sert à rien, et avec des mines voltairiennes, on laisse la jeunesse rivée par sa patte de cabri à un enseignement qui est aussi asservissant et inutile que celui donné, au nom de Dieu, par l'Eglise.

La plupart, parmi ces apprentis du métier de la vie, ne s'y laissent point prendre, et ils approchent de la sainte table des écoles, uniquement parce qu'il faut manger l'hostie classique pour avoir son diplôme comme un certificat de communion. Mais ils n'ont pas la foi, et voilà pourquoi ils passent les ponts, pourquoi la rive gauche est abandonnée

.âchée par la rive droite, où il y a les théâtres et les spectacles vivants !

Voilà pourquoi, quel que soit le tapage fait à certains moments de ce côté, le quartier Latin d'aujourd'hui a l'air morne ; le boulevard Saint-Michel est vivant parce qu'il y passe le Paris de partout, mais en croirait rôder dans une ville morte et s'être égaré dans le quartier des nécropoles quand on regarde la Sorbonne — ce séminaire de l'Université — et le Panthéon, — dont on veut faire un cimetière d'impies !

Les brasseries et les cafés sont pleins ! tant mieux ! Il ne faut pas jeter la pierre à cette jeunesse, que les cuistres désolent et que les jolies filles embrassent.

Jules Vallès

LE QUARTIER LATIN

22 décembre III 87

Un journaliste, ancien fort en thème et normalien enragé, a dernièrement régenté les étudiants à propos de leurs tendances à la paresse et de leurs instincts de turbulence. Certains papas, au fond de leur province, ont dû se frotter les mains, bénir le moraliste, et envoyer l'argent du mois enveloppé dans un numéro du journal où le cuistre recommandait la sagesse et le travail aux jeunes écervelés du quartier Latin.

Les familles sont dans leur rôle. Il est de règle qu'elles conseillent la bonne conduite et la vertu. Du moment pourtant où l'on a dépêché son fils sur la capitale, au lieu de le garder près de soi dans une des Facultés de département, on a indiqué par là qu'on consentait à l'émanciper jusqu'aux vacances, au moins; et il faudrait laisser aux mères le soin de prêcher avec bonté dans le désert. Mais le père n'a pas à se fâcher des flâneries et des exubérances de son garçon.

Il n'a pas à exiger de lui plus de travail qu'il n'en faut, pour passer ses stupides examens. Il sera bien avancé vraiment, le jeune homme, quant il aura perdu le temps frais et beau de sa vie à tripoter, avec des allures de vieux, dans le silence lourd des bibliothèques ou dans la solitude paisible de sa chambre d'hôtel, les bouquins qui contiennent les matières sacrées sur lesquelles on l'interrogera à chaque fin d'année ! Tels qu'ils se présentent aujourd'hui, les examens ne demandent que des qualités de perroquet. Ce qui se dit dans les cours est insignifiant, et l'étude des manuels suffit à obtenir boules rouges et même boules blanches. Qui a de la mémoire peut s'en tirer avec un effort de quelques semaines. Pourquoi imposer à un malheureux qui sort des travaux forcés du collège l'emprisonnement volontaire et le bûchage continu dans les cellules qu'on appelle les bibliothèques et où il fait si sommeil !

L'assiduité et l'application excessives présentent à cette époque de l'existence, plus de dangers qu'elles ne méritent d'éloges. Saisiraient-ils, ces lycéens d'hier, la pensée d'un professeur, qui aurait tiré une philosophie élevée et profonde de ses amas de connaissances et de vingt ans de réflexions ? Est-ce qu'à vingt ans on peut comprendre ou contrôler les systèmes des métaphysiciens du droit ou des spiritualistes de lettres ? C'est exposer des intelligences à subir sans le vouloir, la tyrannie d'idées qui les opprimeront toujours dans l'avenir.

N'est-ce pas assez du pli chrétien imprimé dès le berceau dans les cervelles tendres, et faut-il pousser cette jeunesse dans les bras des pontifes de l'Ecole, alors qu'on a tant lutté et qu'on lutte tous les jours pour les arracher à l'influence des pontifes de l'Eglise ?

Ne vaut-il pas mieux qu'ils boivent des gorgées d'air libre, chargé de parfums ou de fumée, sous les arbres du Luxembourg ou sous les plafonds mêmes des cafés, et qu'ils cassent la camisole de force du lycée, d'un geste un peu viril, plutôt que de la garder élargie et lâche, mais toujours humiliante et cruelle, sur leurs épaules d'étudiants !

Puisque l'intelligence n'a qu'à dormir ou à se gâter, sous l'influence des cuistres religiosatres ou imbéciles, il n'est pas dangereux, mais il est au contraire utile et il est sain que ces condamnés au biscuit de perroquet, s'envolent du perchoir universitaire, et s'amusent et se détendent loin de ces cours insipides et mortels !

Les spécialistes, parbleu ! devront suivre les leçons, rester les disciples assidus et même devenir les caudataires lâches du maître.

Qui veut être docteur et agrégé, devra aller prendre des notes au cours et surtout faire voir qu'il en prend ; mais ils sont un peloton seulement de ces ambitieux-là dans le quartier Latin, et nous parlons seulement de ceux qui n'ont besoin que du passeport du diplôme pour devenir avocats, professeurs ou médecins.

Que les jeunes, donc, ne donnent à l'étude que les semaines indispensables pour avoir le passeport! Que le reste du temps, ils plongent dans le flot de Paris! S'ils sont un peu roulés par la vague, le mal ne sera pas grand! C'est faire, à bon compte, et quand les heures ne sont pas décisives, l'apprentissage de la vie. Ils se donnent un peu de bon temps, avant d'entrer dans le métier qui procurera le pain ou la gloire, et en sortant de dessous les jupes des cuistres comme ils sont sortis de dessous les jupes de leur mère, ils protestent par leur dédain contre la routine et la tradition, contre la papauté de l'Etat!

Le tumulte des cafés joyeux, aux alentours de la rue Soufflot, scande la marche en avant de l'ironie contemporaine contre la religiosation universitaire et la foi aux vieilles momies.

Le malheur est que l'on redeviendra grave trop tôt; qu'après avoir été un tapageur, on jouera au puritain, qu'on oubliera qu'on blaguait les maîtres et qu'on manquait les cours; et l'on prendra rang, le cierge gouvernemental au poing, dans la procession des fonctionnaires et des privilégiés, qu'on sifflait et qu'on boxait dans la personne des mouchards d'Andrieux ou de Camescasse.

Qu'ils aient au moins la fièvre pendant

, qu ils habitent le quartier ! Si leur cœur a quelque santé plus tard, ils la devront à la belle maladie de leur jeunesse amoureuse ou enthousiaste.

Priez Dieu, votre Dieu de province, que vos fils fassent un peu la noce et soient de quelque manifestation généreuse, cela les dégourdira et les rendra meilleurs !

Et, dites-vous que, si cette jeunesse jette sa gourme par hasard dans les mauvais endroits, sur le tapis vert des cercles ou la table des vilains caboulots, c'est qu'elle ne peut la jeter ailleurs en bonne terre, comme jadis, quand les passions publiques se donnaient rendez-vous et se groupaient autour des chaires illustres !

Ils sont un tas d'agrégés et de docteurs qui vivent sur le cadavre des Cousins et autres, et se vantent d'être leurs continuateurs et s'honorent d'être leurs élèves, sans se douter que la force de ces anciens de la Sorbonne venait de leur amour de la bataille et de leur ardeur à entrer dans la lutte. Même les vieilles perruques classiques s'escrimaient et s'indignaient contre les écoles nouvelles, s'engageant à fond derrière M. Ingres ou M. Viennet ! Spectacle émouvant après tout !

A présent, les parleurs universitaires du quartier Latin ne veulent plus des auditeurs jeunes et ne s'occupent pas de secouer la flamme des théories saintes ou impies. Pas une audace ! Ils parlent pour des femmes, ils cherchent à plaire aux bas-bleus. Où donc sont les grands croyants et les passionnés, amis ou ennemis, Michelet ou Ozanam?

On irait entendre en foule des paroles ardentes et convaincues. Mais il n'en tombe plus des lèvres de ceux qui, maintenant, professent la doctrine de la chèvre et du chou; aussi l'on est excusable d'aller écouter les propos des serveuses de brasserie, quand M. Caro ou M. Boissier se préoccupent seulement de faire sourire un auditoire en mantille de velours et en capote garnie de roses.

Tant qu'on aura de ces gens payés pour ne rien dire, et si l'on ne bouleverse pas le système d'éducation, qui ne s'adapte plus à la science et fait injure au génie moderne, le quartier Latin sera le pays sans couleur et sans âme qu'on connaît depuis quinze ans!

Pourtant, sans qu'il y paraisse aux yeux de ceux qui ne collent d'assez près leur oreille à la terre, on entend là comme ailleurs, quand on écoute bien, la trépidation sociale!

Il ne faut point oublier qu'à côté de vingt journaux de paille, il naquit sur ce sol, à la fin de l'empire, dix journaux de combat dans lesquels les Écoles tendaient la main aux Faubourgs. M. Clémenceau, élève en médecine, était voisin de M. Tolain, ciseleur, et Sainte-Pélagie recevait des lots d'étudiants en même temps que des lots d'ouvriers.

Aujourd'hui encore plus d'un parmi

les jeunes étudiants s'enferme parfois
avec Taine ou Proudhon, et laisse dormir les livres de droit pour plonger son
regard dans les grands livres de justice !
et devant la fille de brasserie, elle-même,
on surprend les fils de la bourgeoisie à
entamer des discussions qui dépassent
le niveau bourgeois, et il passe des
éclairs dans la fumée des caboulots !

D'ailleurs le quartier Latin est ville
ouverte, et il n'y a pas que des coureurs
de diplôme ou des professeurs de l'Etat.

Il est l'asile des piocheurs obscurs et
vaillants : bourré de solitaires qui travaillent dans l'ombre et de poëtes qui
chantent dans les cénacles. Les convaincus pour de bon et les ambitieux pour
le bien attendent, dans leur petite chambre sur la cour ou sous les toits, le moment d'entrer en scène. Plusieurs, devenus célèbres, ont gardé le souvenir des
années cruelles et, — par reconnaissance
ou pauvreté, — sont restés dans le loge-
ment triste des temps obscurs.

Je rencontre souvent, en face d'une
crèmerie du carrefour de l'Odéon, un
poète, chef d'école, qui, la veille d'un
réveillon, il y a vingt cinq ans, dépensa
là, sept sous à son dîner. Il avait vendu,
au poids du papier, un ou deux exem-
plaires de ses poèmes pour payer son
bouillon et ses *deux de pain*.

A deux minutes de là, M. Gambetta
faisait trembler le café Procope de sa
voix de tonnerre !

Jules Vallès

44.

Londres et Paris.

Nous sommes loin du quartier Latin,
— à bien des lieues de Notre-Dame. Le
hasard nous a portés en plein Londres.
C'est d'ici que nous allons examiner
Paris.

On voit mieux un tableau quand on
se recule, de même on juge mieux certaines faces d'un pays, quand on le regarde de loin. On se place plus haut, on
plonge sa pensée plus avant dans les
profondeurs de l'horizon, et la brume
n'est, comme l'abat-jour de la main,
qu'un voile qui oblige le cerveau à le
déchirer. La réflexion prend de la vi-
gueur dans cet effort, et à travers le
brouillard de Londres on distinguera
plus clairement le vaisseau de la ville de
Paris, comme on comprendra plus nette-
ment l'âme du peuple qui promène ses
richesses ou ensevelit ses suicidés dans
les flots boueux de la Tamise.

29 Décembre 1882.

C'est affreux, pour un Parisien, l'entrée dans ce pays qui tout de suite vous jette à la gorge et vous fourre dans le cœur ses odeurs de charbon, de bière et de bouc ! C'est l'asphyxie, comme dans un théâtre qui finirait de brûler et d'où les survivants ne pourraient sortir — il y aurait des rebuts de chair bouillie et grillée ! Ah ! comme on regrette le Paris casqué de bleu tendre, même rayé de pluie, mais que le brouillard n'envahit et n'oppresse qu'à des dates rares comme des éclipses et contre lequel on n'a qu'à marcher, un soir, la torche à la main. Au matin, il sera parti, sans laisser derrière lui la puanteur. Il suffira de quelques étalages de bouquetières au coin des rues pour que Paris sente bon de nouveau, et, si le pavé est mouillé, on s'en consolera vite, parce que la Parisienne sait relever sa robe et montrer son pied, et faire reluire son bas blanc, — cet éclair-là trouera le souvenir des heures empestées et noires ; là-haut, le soleil redeviendra louis d'or pour les pauvres comme pour les riches.

Ici, il fait mine sombre et visage cruel aux millionnaires comme aux va-nu-pieds.

Ne pouvant avoir ses sourires, on essaiera de se rattraper le soir, et l'on enverra contre l'atmosphère méchante, par milliers, des flèches de gaz. La cible sera percée par endroits, là où les poumons humains se chargeront d'avaler la buée et d'emmagasiner son poison dans les quartiers à théâtres ou à femmes. Le plaisir ou le vice dissiperont l'obscurité, éclairciront des places, comme les pétillements d'artillerie nettoient, dit-on, les horizons brouillés. Mais alors il y aura la pluie du gin, et le brouillard de l'ivresse ; le Parisien perdu là-dedans tombera d'un effroi dans un autre, et fou de ces convulsionnaires de la taverne et du public-house, il se sentira la cervelle enfumée par ce spectacle, comme il se sentait le clair des yeux sali par l'air qui pend en chiffon roussi et mouillé autour de lui !

La gaieté française crie au secours dès qu'elle est cernée par le brouillard et cette ivrognerie noire, et il court contre Londres une légende d'horreur dans un tas de rues de Paris !

C'est ce cri que je veux expliquer, cette légende qu'il faut entamer !

Le Parisien ne jure que par son Paris.

Il est utile de lui dire que l'amour fou du Parisien pour la ville lui crée vis-à-vis de l'Anglais une infériorité dont l'ont seuls guéri un peu les malheurs forcés de la vie publique qui peuplèrent l'Angleterre de proscrits.

Ces proscrits-là, englués par la fatalité dans la fange de Londres, enterrés là-dedans pour dix ans, collés à la vie anglaise, comme leur condamnation appliquée toute fraîche, le lendemain de leur fuite, aux murs suintant le long des conseils de guerre, ces réfugiés pauvres et obligés de gratter le fumier où verdoie le lancier de Waterloo, eurent d'abord, comme tout nouvel arrivant à Charing-Cross, le cœur navré en entrant dans ce Londres, où ils étaient sauvés des pontons et de la prison — mais qui avait l'air lui-même d'un énorme ponton et d'une prison sans jour! Mais peu à peu, l'horreur devait tomber, la tristesse devenir grave, la peine devenir féconde. Il est à constater que le brouillard de Londres n'a jamais endolori le talent ni voilé la flamme dans les têtes françaises. Au contraire, il a trempé des styles, comme l'eau boueuse du Furens trempe les armes ; on peut citer, entre autres, deux hommes qui gagnèrent à être exilés, la guérison pour tout ou moitié de leur maladie de rêvasserie ou de déclamation : Alphonse Esquiros et Louis Blanc. Au lieu de trébucher sur le pavé gras de la Cité, leur phrase, se fortifiant en s'amaigrissant, fit plus de chemin et alla plus net au but que quand ils lui faisaient faire des festons devant les groupes de poètes ou la foule des plébéiens.

Cette épreuve de l'exil a été bonne pour quelques écrivains, c'est acquis; mais il faut en tirer des conclusions plus larges et ne pas compter sur les hasards sanglants de l'histoire pour continuer l'expérience douloureuse faite par les premiers vaincus.

Il y a à mettre en garde l'homme de Paris contre sa manie du chez-soi, contre son égoïsme et son orgueil d'indigène de

Montrouge ou Montmartre, contre sa peur trop grande du voyage et de l'aventure. Il reste un peu trop sous son pavillon comme les enfants restent sous la jupe de leur mère.

Les villes qui ressemblent à des escales où se heurtent des pelotons de voyageurs, arrivent à être redoutables sans avoir le quart des vertus que peut avoir un Paris vigoureux comme Rome, mais amoureux comme Capoue !

Il n'y a pas de remède à préconiser contre cet amour du boulevard ou du faubourg.

Pourtant, si le tunnel sous la Manche était demain une vérité et une route, si, après-demain, le voyage à bon marché, et à prix fixe, pour l'homme comme pour la lettre, étaient votés par le Parlement ou les Communes, si Paris et Londres se touchaient, nul ne peut dire quelle force et quelle grandeur sortiraient de ce heurt tranquille des fils de Jacques Bonhomme et des fils de John Bull !

Il faut bien convenir que Paris qui est blagueur est hâbleur aussi, que Paris qui est laborieux est en même temps musard et flâneur, qu'on y parle souvent pour ne rien dire, qu'on y crie parfois, rien que pour être entendu.

Il étale le romantisme des races latines sous son bonnet de peintre en bâtiments ou de peintre en fresques, et il garde souvent un masque de cabotin, avant de montrer un visage de héros.

Eh bien ! il est du devoir de ceux qui

ont pu comparer les deux villes géantes d'établir qu'il y a un chauvinisme parisien, et qu'il est par certains endroits aussi haïssable que le chauvinisme d'outre-Manche ; et, malgré sa gaieté, son soleil, il n'a souvent, ce Paris, que des allures d'acteur malade et de Don Quichotte riant jaune, plus triste dans sa comédie d'insouciance et sa pantomime de débraillé, que le Londres, qui est là devant moi, spectre noir, coiffé de fumée, son manteau de brouillard pendant sur ses épaules comme une capote d'hôpital.

Il faut s'arrêter devant cet acteur et ce fantôme.

Londres est en pleines fêtes de Christmas, comme Paris en pleine fièvre du jour de l'an.

Il n'y a qu'à rôder à travers les rues, aux environs de Drury-lane ou sur les hauteurs d'Islington pour voir tout de suite le caractère de chaque ville.

A tous les coins, des femmes qui ôtent leur chapeau de paille noire piqué d'un ruban fané (il tombe quelquefois un chignon de crin), et qui retroussent leurs manches en criant. Elles demandent un *fight*, le duel à coups de poings et à coups d'ongles. Allons, une tournée d'égratignures ou d'étranglades ? Elles ont la peau verdâtre, le regard vitreux comme un cul de fiole ou blanc comme une goutte de gin

Les hommes, de leur côté, débraillés, tête nue, c'est-à-dire tête perdue (quand un Anglais est dehors son chapeau c'est

qu'il est devenu fou), les hommes s'ar
rachent des bras de ceux qui veulent les
retenir et demandent le combat aussi.

Le Londonnien trouve une joie sauvage
aux mêlées aveugles, aux poussées terribles. Une tête d'*englishman* peut gonfler
sous les coups, se fendre, saigner et rester malgré tout menaçante, garder par le
contrepoids de l'orgueil un branlement
de défi, son amour de l'écrasement éclate
avec des rugissements de bête, dans ces
jours de liesse.

A Paris, la femme ne se dégrade pas,
et ces combats sauvages sont empêchés
par la galerie, quand elle peut. Mais ils
sont empêchés aussi par la police, qui
prend du même coup le droit de malme-
ner qui elle touche, brute ou bourgeois,
coupable ou innocent. Certes, il est dur
de laisser les gens s'assommer, — mais,
dans cette liberté du danger et cette indifférence du policeman anglais il y a
une certaine grandeur et l'on peut en tirer aussi une leçon.

Si en France on pouvait apprendre à
compter sur soi d'abord, et sur les gardiens de la paix ensuite, on puiserait
dans le sang de quelques boxeurs malheureux, et on achèterait pour quelques
coups de poing le mépris de la protection, et ce seraient les centralisateurs qui
finiraient par avoir le poche-œil.

Je reconnais la ville centralisée et la
ville libre, — quand je vois s'aligner
leurs représentants et que je regarde la
galerie, — comme je reconnais la Gaule

à l'ivresse rose du Parisien et l'Angleterre à l'ivresse noire de ses femelles et
de ses mâles !

Jules Vallès

La Rue des Cordiers.

Rue des Cordiers, rue Cujas, rue Saint-Jacques ..

Le jury d'expropriation a eu à se promener par là, à grimper dans des maisons vieilles et tristes, balances en main, pesant les pierres et pesant les bourses, examinant les livres de caisse et les registres de garni, puis il a collé son chiffre d'indemnité sur les murs. Ces murs-là vont s'écrouler ; avec eux s'écroule aussi tout un monde de souvenirs, dans les ruines duquel on peut trouver profit à rôder un moment, comme il est bon de regarder dans le triage des fouilles le squelette de gens disparus, les médailles d'une époque oubliée.

Coin de Paris qui agonisait depuis vingt ans, d'une agonie silencieuse et lugubre ; sur la marge du quartier Latin, c'était comme une tache de misère sale, une traînée de boue.

Pourtant, dans quelques-unes de ces maisons, quelques-uns de ceux qui ont été l'honneur de leur temps vécurent leurs premières années de jeunesse.

12 Janvier 1883

Rue des Cordiers, 14.

Si l'on feuilletait le registre de l'hôtel qui porte l'enseigne Jean-Jacques Rousseau, on retrouverait des noms illisibles sans doute aujourd'hui, parce que la larme d'encre s'est noyée dans le papier et que les lettres ont blanchi comme les cheveux des vieux, mais en cherchant bien et en regardant de tout près, on arriverait à s'y reconnaître tout de même, à déchiffrer et à recoller les syllabes, et de ces pages moisies s'échapperaient un parfum de génie et des étincelles de gloire.

Génie! gloire! peut-être deux démolis et deux expropriés aussi! Expropriés par le jury anonyme de la foule, démolis par les conclusions de l'histoire qui a fini par battre en brèche la théorie des providentiels, et qui rogne les immortelles.

Jean-Jacques et George Sand furent les hôtes de cette maison que la pioche va dépecer.

C'est de là que leur talent prit son élan et sauta dans l'arène. Ils rayonnèrent ensuite sur le monde. Mais est-ce que leur auréole n'est pas un peu échancrée et l'éclat de leur célébrité voilé de gris, tout comme est rayé le papier, et sont encrassées les vîtres de la chambre qu'ils occupèrent là-dedans, l'un à côté de Thérèse, l'autre à côté de Sandeau.

Ce n'est pas le moment ni la place pour planter une théorie dans le tas des démolitions, mais on ne peut se défendre de la méditation en face de ce passé,

dont l'écorce de pierre et de bois, en se
déchirant, déchire aussi deux grands
noms déjà effacés sous l'indifférence et
l'injure.

Qui eût dit que Rousseau, dont les con-
ventionnels avaient fait leur dieu et dont
Robespierre avait été le prophète, serait
renié par les républicains du pays Latin ; que, de l'hôtel à côté, Proudhon
jetterait des pierres sur l'hôtel Jean-
Jacques et que les jeunes générations feraient comme lui !

Qui eût dit que l'auréole de George
Sand serait échancrée si tôt !

C'est que, comme je l'ai dit, les mœurs
de Paris ont changé et qu'on n'est plus
dans la saison où il suffisait d'être dé-
guisé en Arménien, quand on était Suisse,
ou habillée en homme, quand on était
fille, pour exciter la curiosité et engager
la critique et la foule sur le chemin de
l'admiration.

Aux patères fichées dans les murs qui
vont crouler, l'auteur des *Confessions* ac-
crocha sa fameuse pelisse et son bonnet,
l'auteur de *Lélia*, sa culotte et son
béret.

C'était à noter en passant, ne fût-ce
que pour signaler aussi la différence de
couleur dans le courant des idées de jadis et des idées de maintenant.

C'est dans cette même maison que Balzac fait descendre Lucien de Rubempré.

C'est là que sont allés, à la queue-leu-
leu, bien des ambitieux de vingt ans qui
pensaient respirer, sous ce toit qui avait

abrité des têtes si chaudes, un peu de leur courage et de leur génie.

J'y fus le voisin de quelques garçons, *victimes du livre*, qui ont mené, les yeux sur leur rêve, une vie d'aveugles, et sont tombés de la hauteur de leurs espoirs dans les trous profonds où l'on descend parfois non pas seulement le corps d'un homme, mais encore l'honneur d'un nom ! Ils avaient cru aux romans qu'ils avaient lus !

J'ai souvent poussé cette porte pour arriver jusqu'au lit sur lequel était étendu une espèce de colosse à tête fine et douce, qui s'appelait Gustave Planche, — rien que cela ! Celui qu'on saluait comme le prince des critiques, le porte-drapeau de la *Revue des Deux-Mondes*, demeurait dans ce garni noir, et dont je n'ai pas osé monter l'escalier, l'autre année, tant je me sentais écrasé par le poids du jour blafard et des misérables souvenirs !

Avant que l'on n'abatte l'immeuble, allez faire un tour de ce côté et visitez cette maison où ces illustres avaient leur table de travail. Vous sentirez, rien qu'à l'odeur, que c'en est fait de la littérature de romantique et de la vie d'irrégulier. On ne pouvait voir la vie réelle, la vie vraie, la vie vécue par le commun des mortels, du fond de ces maisons où ne parvenait pas le bruit de la foule en marche. Il a fallu faire de la place et du jour pour que les écrivains vissent en face le monde nouveau.

Comment n'aurait-il pas eu l'esprit amer et la pensée chagrine, ce malheureux qui nous dictait ses articles du haut de ce lit de bois blanc peint en rouge, dont les couvertures étaient fanées, les rideaux flétris, les draps troués !

C'est dans cette chambre qu'une nuit il jeta sur du papier taché l'article qui fit tant de bruit : les *Haines littéraires*. Il s'était couché triste, navré. En vain il se tournait et se retournait, le sommeil n'arrivait pas. La fièvre l'empoigne, des frissons glacés lui courent le long du corps. Un fagot est là dans le coin. Il le jette dans la cheminée, met le feu et, au reflet de l'incendie, allume l'éclair de sa phrase. La plume lui brûle les mains, il écrit, il écrit, et le matin la page flambait sous les yeux de Buloz, qui lui versait un peu d'or dans la main.

Il lui en fallait pour payer son arriéré de garni. L'hôtesse, la mère Honoré, ne plaisantait pas ; elle se moquait de la *Revue des Deux-Mondes*, elle, et elle prétendait que les plumassiers l'avaient souvent refaite.

Est-elle encore là ? Elle semblait avoir la vie dure, avec sa petite tête anguleuse et sèche, serrée dans un bonnet de campagne.

La dernière fois que je la vis, elle avait enterré déjà des immortels, car elle eut pour locataires ou visiteurs des académiciens, aussi bien que des irréguliers. J'ai oublié le nom de ceux-là ; mais sur le livre de police on peut les retrouver.

Je l'achète, s'il est encore dans le tiroir d'une commode vermoulue.

Ce pâté de maisons condamnées à mort était resté l'asile de cette race de désordonnés ou de fanatiques qui n'étaient ni des étudiants ni des ouvriers, tout en ayant le ruisseau des plus sales faubourgs à leur porte et le bruissement des écoles dans leur voisinage.

Sous l'Empire, des conspirateurs de vingt-cinq ans s'y cachaient. C'est dans une crèmerie — la crèmerie de l'Etoile — qui existait encore il n'y a pas longtemps, au numéro 5, que fut arrêté tout un groupe de garçons dont quelques-uns ont fait du chemin depuis, arrêtés sous l'inculpation d'avoir voulu tuer l'empereur.

Comme ils furent relâchés, après une villégiature à Mazas, je puis dire les noms de deux ou trois de ces faux assassins — J'en étais : Louis Davyl, l'auteur de la *Maîtresse légitime*, en était aussi. M. Ranc venait de sortir quand les agents entrèrent.

Loin aussi le temps des complots ! Il faisait trop noir dans la crèmerie pour que la société secrète vît bien clair dans l'histoire. Expropriée, démolie, comme le reste, cette manie ! Les complots se font maintenant en plein soleil, et l'on a compté jusqu'à trois cent mille conjurés sur le pavé.

Cette rue des Cordiers valait la peine qu'on en parlât.

Sa démolition va mettre sur le pavé

les derniers restes d'une bohème noire et triste qui, à l'encontre de celle de Murger, et sans ressembler à l'armée des réfractaires, vivait sur les vieux livres et les vieilles idées, avec des mines de taupe, dans ces terriers — coudoyant de sa misère honnête le vice bas ! — Comment vont-ils faire maintenant ?

Les garnis ne coûtaient pas cher là-ledans.

Planche payait trente francs sa chambre, — de son temps son *secrétaire* lonnait quinze francs pour la sienne !

Ce qu'ils feront ?—Ils iront se chauffer et mourir, un de ces soirs d'hiver, les mains tendues et les yeux fixés sur le brasier où flamberont les planches de la vieille chambre où ils avaient vécu et qu'ils aimaient, toute sale et laide qu'elle fût, parce que là-dedans, leur rêve avait fait la roue, comme un soleil !

Jules Vallès

60

Les Affiches.

(Manifeste Jérôme)
(Vente Gill .)
(Condamnations .)

Jé me souviens, comme si c'était d'hier, de l'impression tout d'un coup ressentie en face des grandes affiches qui couvraient les murs, certain matin, — le matin du 2 décembre, il y a trente et un ans. Ces affiches décrétaient l'assassinat de la République, proclamaient la dissolution de la Chambre, le soi-disant appel au peuple. Elles avaient la mine légale, ces feuilles blanches qui allaient être tachées de sang, et cette blancheur-là donnait froid dans la brume du jour qui se levait. C'était comme une pâleur de conjurés scélérats ; elles avaient un éclat sinistre, sous le ciel louche qui éclairait d'une lueur morne la ville livrée par le bandit aux soldats.

Comme Paris avait tressailli et que certaines rues avaient bougé et crié, des proclamations nouvelles arrivèrent, promettant la fusillade sur place à quiconque pousserait un cri de révolte et ferait un geste d'insurgé.

19 Janvier 1883

Menaces affreuses et puissantes parce qu'elles avaient été gravées avec le sabre du traître dans la pâte du papier gouvernemental et qu'elles avaient au coin des tempes le timbre de justice.

Seuls, ceux qui tiennent le pouvoir ont le droit d'afficher blanc — et de dire noir et de voir rouge, si cela leur plaît, pourvu que les soldats soient là pour garder le placard et tuer au nom des lignes dont il est tatoué.

Un tiers de siècle plus tard, l'autre jour, la même signature ou à peu près, se lisait sur les murs, au bas d'une proclamation, mais teintée celle-là et éclairée d'un soleil clair, comme en avril.

Fantaisie de déclassé, qui s'étale d'ici, de là, sur les pierres ou sur les planches, et point dangereuse, parce qu'elle n'a pas comme celles du cousin, couleur de farine!

La peau même de Paris raconte comment il se porte, et ce qu'on lui applique sur l'épiderme indique l'état du coffre, donne des nouvelles de la place d'armes; et suivant les accidents de la politique, il y a sur les murs de la ville des taches sombres ou claires.

En 1848, on avait vu autour de l'idée sociale qui renaissait, grouiller toute la légion des chimères et des espoirs éclos dans l'ombre. On avait entendu sortir de dessous terre toutes les voix des faibles, et monter le cri des tristesses comiques comme des défaites vaillantes. Les mu-

...railes traduisirent cet état moral et eurent la roseole politique.

Elles se prêtent à l'art comme à la politique, et disent la douleur des vaincus isolés comme celle des vaincus publics.

L'annonce de la vente de Gill empiète sur le manifeste de Jérôme. L'empire de la caricature et la caricature de l'empire sont collés ensemble, et les noms des signataires s'entrelacent, — l'un de ces signataires devant filer sur la Conciergerie le soir même; l'autre enfermé depuis si mois à Charenton.

Pauvre Gill, ses affiches à lui firent, pendant des années, concurrence à celles que signait le cousin de Jérôme ; la *Lune* passa sur le soleil des Tuileries comme un nuage, et devant l'auguste face de Bonaparte, son masque grimaça, moqueur. L'ironie française tira la langue et fit la nique aux mouchards corses. Entre les hachures du crayon et les taches de l'enluminure, Paris savait lire le mépris du maître sur la feuille que Gill pendait toutes les semaines aux ficelles des kiosques. Il en reste encore d'attachées sur les carreaux des logis pauvres, jaunies, fanées ! C'est que le temps de la Fronde républicaine est passé — et c'est bien ce qui désarma Gill et le désespéra !

Au moment où il n'eut plus une cible à cribler de ses flèches, il ne sut que devenir, et comme il n'avait pas d'autre état que celui de ridiculiseur d'empire.

il arriva à la pauvreté, vit arriver la misère, en eut peur, si peur qu'il voulut lui fermer la gueule avec un million, après lequel il courut, les yeux hagards et tête nue. Il perdit la raison dans sa course.

La démence le prit pour tout de bon, celui qui avait été le *fou du peuple*, crâne et blagueur, comme il y avait jadis le fou du roi.

Son œuvre s'est éparpillée et est allée on ne sait où, comme sa cervelle. Mais son nom ne mourra pas avant que les annales du second empire aient été rongées par les vers. Il restera dans un coin de cette affiche qui s'appelle l'histoire ; son souvenir voltigera, comme une abeille révoltée, au-dessus de la tête blême de Napoléon.

Oh ! que n'est-il là pour bourdonner contre la vitre de la cellule claire et fleurie où gémit le César déclassé ! Comme il eût vanné gaiement la paille de ce cachot ! Peut-être eût-il ri, la fois suivante, des arrêteurs et des geôliers, et moi qui suis pour la liberté, je l'aurai peut-être poussé à cette besogne ; mais, en tous cas, il eût coupé quelque gueule comique avec le grand sourire de la rue.

Affiche émouvante encore, celle qu'on applique de temps en temps au dos des mairies, et où sont enregistrées une par une les condamnations criminelles, avec le nom, l'âge et le signalement des coupables.

Lecture dramatique, quoique le roman du vol ou de l'assassinat ne montre pas le bout de l'oreille, mais les portraits diffèrent si souvent du crime commis ! La moitié du temps, le violeur ou l'assassin ne ressemblent ni d'Ève ni d'Adam au type que notre imagination a prêté à ce genre de salisseurs d'enfants et de dépeceurs d'hommes. Tel chourineur a la barbiche fine et blonde, la peau rose, les yeux bleus ; tel éventreur de virginités a l'air d'une fille !

Puis il y a des croisements et des empiètements de race qui avivent la curiosité et déroutent la tradition.

On lit qu'un vol avec effraction — et coups de couteau pour se débarrasser de la vieille et de l'enfant réveillés par le bruit — a été commis par un redingote et qui avait des grades, qui était professeur ou avocat ; on lit aussi quelquefois qu'un médecin a eu le prurit de l'infamie tout comme un autre, et n'a pas su s'en guérir, et qu'il est parti pour le bagne !

Toutes les douleurs de la vie humaine, toutes les abominations de la vie sociale, les secrets de la physiologie, avec ses animalités ignobles et féroces, le néant des psycho'ogies classiques qui prétendent diriger les âmes, tout cela est tapi et remue dans ce cadre de papier blanc dont chaque casier constate une honte, un supplice

La centrale, le bagne ! pour cinq ans, dix ans, pour toujours !!

Celui qui connaît le sort du réclusionnaire et du forçat, a la petite mort devant ces indications d'agonie! Et l'on se prend à remercier le hasard qui en a fait échapper quelques-uns au châtiment, si mérité qu'il pût être!

On court aux contumaces.

Contumace : cela veut dire que toute l'organisation policière et persécutante a fait chou blanc, qu'il est peut-être inutile d'entretenir tant de mouchards et de bourreaux, que cela n'arrête ni les crimes, ni les criminels!

Puis il vous vient des frayeurs terribles! Parmi ces fuyards, qui nous dit qu'il n'y a pas des gens qui, quoique innocents, ont eu peur des juges et qui ont sauvé leur liberté pour pouvoir sauver leur honneur plus tard, quand ils auront engraissé les preuves de leur innocence?

Qui nous dit même qu'il n'y a pas parmi ceux qu'on tient et qu'on a frappés et qui sont de la viande de prison maintenant, qui nous dit qu'il n'y a pas des hommes qui n'ont ni volé ni tué, ni rien fait de mal, et qu'on a condamnés pour vol et assassinat?

On en trouverait, en osant arracher des masques, braver les forts. Mais la magistrature ne laisserait pas lever les voiles qu'elle a étendus comme un suaire sur le monde de de ses victimes!

Manifeste du mal, *pronunciamientos* de prétendant ou annonces de vente de l'atelier d'un fou, comme ils font rédéchir, ces placards sanguins ou pales !

A quand l'affiche décisive, honnête et claire, qui recouvrira les annonces louches ou tristes — nouvelle déclaration des Droits de l'homme — pour remplacer l'ancienne, compromise et dénaturée par les autoritaires et les cuistres, par les doctrinaires et les jacobins, qui n'ont jamais voulu que pour eux, les murailles — contre lesquelles la rancune et la foule les appuie un jour, et pour les déchirer à coups de baïonette, ou faire mouche là-dedans comme dans un carton de tir. — sinistre malentendu !

Jules Vallès.

(Sous l'Empire.)

LE THÉATRE. — LES PREMIÈRES

I

Tandis que la comédie politique tourne au mélo à la Chambre, saute jusque dans le couloir des prisons, et qu'il y est question d'ostracisme, comme dans les farces d'Aristophane, les théâtres, où l'on joue des pièces dont les héros sont sûrs de rentrer tranquillement chez eux après la représentation, théâtres d'opérette, de vaudeville ou de drame, se démènent, font flèche de tout bois, feu des quatre pieds, et, avant que janvier finisse, il y aura trois ou quatre premières sur trois ou quatre scènes de Paris.

Il y avait aussi, je crois, une première ou une reprise solennelle, je ne sais où, le soir du 2 Décembre, et M. de Morny flânait par là, disant que, s'il se donnait un coup de balai, il serait du côté du manche.

Le lendemain, on se battait, et les ouvreuses chômaient, — c'étaient les gardiens de Mazas qui avaient de la besogne et indiquaient leur tabouret aux représentants fourrés en cellule, tandis qu'il y avait, comme musique douce à la rampe, le trémolo du canon dans la ru

26 Janvier 1883

Mais ce fut vite fini ; les musiciens, en veste d'artilleurs, n'eurent pas à rester longtemps devant leur pupitre ; le maëstro fut acclamé. Quelque temps après il était empereur.

Le sang ne fumait plus. Il était caillé dans la plaie de Baudin, il était gelé dans la veine appauvrie des vivants.

Toutes les bouches des tribuns étaient fermées, — la place publique était muette ; le théâtre eut beau jeu dans ce vide et ce silence, et alors on alla voir naître les pièces comme avant le coup d'Etat on allait voir s'ouvrir les séances du Parlement.

Il fallait à la fantaisie parisienne quelque chose à se mettre sous la dent, faute de cartouches à déchirer ou d'idoles à dévorer, et ce fut le bon temps de la vie d'orchestre et de coulisses.

On avait tué la passion ; on créa la « vogue : » vogue des fêtes panachées de municipaux, puis de cent-gardes, debout comme des statues vivantes sur les marches de l'Hôtel-de-Ville ou des Tuileries, sabre ou torche à la main, — vogue des premières, où accourut le Paris mondain, libertin, courtisan et aussi le Paris frondeur et faubourien.

M. Nestor Roqueplan accompagnait Leurs Majestés, le candélabre aux mains. Quelquefois la foule les accompagnait, la blague aux lèvres, et entonnait le *Sire de Framboisy*, en attendant de chanter le *Sire de Fich' ton camp !*

Tout le monde y trouvait son compte, les queues de morue et les bourgerons, les porteurs de gardenias et les mangeur: de *valence*, parce qu'il y avait là pâture pour les yeux et les oreilles, et pâture aussi pour les fantaisies de viveur ou de vaincu.

Quelques-unes de ces représentations sont restées cél bres depuis celle où le Jockey-Club, Caderousse en tête, fit émeute quand la toile se leva sur le *Cotillon*, jusqu'à celle où l'on hua M. About dans la personne des comédiens qui essayaient de jouer *Gaëtana*. J'en passe et des pires!

Le *Nouveau Cid* de M. Hugelmann; la soirée où M. Paul de Cassagnac fut presque menacé d'être lynché; celle où, après le *Marquis de Villemer*, on fredonna l'injure derrière la voiture même de l'empereur! C'est du théâtre que partit le premier murmure de mépris, le premier souffle de menace qui ait effleuré l'oreille de l'Empire.

Sans trop de danger et sous le couvert de la comédie ou sous le manteau du drame, on pouvait *s'en payer* contre le gouvernement. Gratis aussi, sans que le prix des places fût augmenté, on pouvait voir les grandes cocottes qui traînaient attachés à leur ceinture les fils des ministres ou des ambassadeurs, les ministres et les ambassadeurs eux-mêmes, et qui, la nuit, étranglaient avec leur jarretière la santé des princes en off, et des ducs en n'importe quoi !

Leurs poitrines luisaient pour tout le monde, sous la braise des diamants. On se régalait de leur décolletage, et l'on goûtait le droit de les huer à la sortie, quand elles avaient, comme Cora Pearl, des audaces de toilette trop insolente ou trop criarde. Un jour on cravacha jusqu'au sang un costume de cheval qu'elle traînait, en portant beau, à travers une rangée de fauteuils occupés par les honnêtes femmes qui vont à pied.

En un mot, théâtre ou cirque étaient le champ de foire et le champ de bataille où s'amusait et où s'ébattait une population qui n'avait plus le tumulte des assemblées, la liberté de la parole, le droit de crier ses colères ou ses douleurs, mais moins lâche que le peuple de Rome, ne s'en tenait pas à la joie du spectacle et au morceau de pain. La fantaisie française, l'ironie gauloise chantaient au-dessus du pétrin et des tréteaux.

Allez donc l'empêcher de battre des ailes ! Allez donc empêcher aussi le mal social de montrer sa face et de passer la tête à travers ces colliers d'or ou ces couronnes de fleurs ! Ah bien oui ! parmi les poltrons eux-mêmes, parmi les parvenus avides de porter leurs punaises à Compiègne, les inconnus à peine échappés de la misère ou les classés déjà glorieux, parmi tout ce tas de lèche-empereurs, le courant révolutionnaire passait et sans le savoir, ou le vouloir, rien qu'en osant peindre des couches dont on n'a vait pas encore soulevé le couvercle, des gens, qui se croyaient des bourgeois, infiltraient le poison dans la chair d'un monde que n'avaient pas réussi à trouer les millions de coups de fusil tirés pendant la série rouge des insurrections.

Le plus *rigolo* des farceurs devenait, au théâtre, le plus implacable des blagueurs.—Derrière Dumas qui réhabilitait les filles de marbre en humiliant les fils des marchands de coton, derrière Augier qui secouait la pipe de Giboyer sur les tapis des salons dits honnêtes et pleins de déshonneur, derrière les de Goncourt qui, dans *Henriette Maréchal*, insultaient la *Revue des Deux Mondes* avec des gestes de pochard, Offenbach faisait grincer son violon, avec des mines de lémon. Tout le flot du génie français montait à la face des comédiens, en ce temps où lés convaincus devaient se voiler le visage, et ne laisser passer que par le trou des masques l'éclair noir de leurs yeux.

Voilà pourquoi une première était une curiosité et pouvait être un événement.

Mais un jour tout s'écroula. César ne fut plus reçu par des porte-flambeau courbant l'échine et conduit à sa place au milieu de femmes demi-nues, dans une atmosphère où la cantharide bourdonnait à côté de l'abeille. Ce n'est plus lui qui commande aux belluaires et fait assassiner les gladiateurs en levant son pouce. Ce sont les filles du faubourg qui lèvent leur doigt, leur doigt mâché par l'aiguille. C'est la guerre, la défaite, l'empire à bas, — et la tragédie pour de vrai !

L'éclat des premières est terni par la fumée de ces batailles, en même temps que le théâtre est inondé d'une lueur nouvelle par la flamme même des défaites, la salle et la scène ne sont plus ce qu'elles étaient autrefois ! Quelques feuilletonistes du lundi ou devenus dans certains journaux les reporters du soir même, sont à peu près seuls à briller maintenant, là où il y avait invasion de l'orchestre par le Jockey-Club et les favoris de la cour.

Ils élèvent seuls la voix dans les couloirs, et sont seuls remarqués, depuis qu'il n'y a plus tribunal d'élégance en gants blancs, tribunal d'opposition aux mains noires, parce qu'il n'y a plus de maître à flatter en habit de gala, ou à siffler avec une clef de petit locataire, redingotier ou blousier.

Rares, ceux qui sont restés fidèles à la cérémonie et viennent aux baptêmes ! Le Tout-Paris est mort, ou, pour mieux dire, ce Tout-Paris a des mites dans son frac, et le temps est passé où il semblait dicter la loi du goût, consacrer le talent, donner la gloire.

Encore une fête des lettres dont les lampions s'éteignent ! Mais c'est parce que le jour est entré tout grand sur la

scène et dans la salle ! Il faut bien que
les dirigeants le sachent : le coup de
tonnerre des événements, s'il n'a tué
personne dans le monde des faiseurs de
pièce et des diseurs de rôle, a en tous
cas cassé les vitres, comme le sillon d'é-
clair que montrait le doigt de Mirabeau,
dans le Jeu de Paume, et dont le zig-
zag illumina toutes les fenêtres de la
rue, celles de l'auberge où logeaient les
comédiens, comme la lucarne de la mansarde où poussait, dans une tête de philosophe pauvre, de la graine de pamphlet révolutionnaire.

Jules Vallès.

(La Fin de la critique.)

LE THEATRE. — LES PREMIÈRES

II

La parabole de Saint-Simon n'est plus juste! Il souriait de joie à l'idée d'un monde aux épaules duquel on arracherait cinquante têtes d'artistes, d'hommes de lettres, de philosophes.

Dans les cerveaux de ces cinquante hommes, tenait pour lui toute la force et la pensée du corps social.

Je ne sais si cela a jamais été vrai, mais je dis que la guillotine qui ferait aujourd'hui cette besogne perdrait son temps. Il y aurait cinquante formulistes de moins, cinquante condenseurs de vérité couchés sous terre. L'idée n'en pousserait pas moins drue et verte autour de la tombe.

Ce n'est pas un demi-cent de célèbres ou d'éloquents qui préside aux destinées des peuples.

Ce n'est pas désormais le *Tout Paris* l'autrefois qui règne en maître dans les bals, les fêtes ou les théâtres, ce n'est pas non plus la critique qui juge et décide en souveraine quel sera le sort des pièces livrées toutes vivantes à la foule.

2 Février 1883

Jadis, il suffisait que les feuilletounistes du lundi eussent béni une pièce,
pour qu'elle fût sûre de faire à peu près
son chemin. On croyait à leur oracle.
Mais depuis le Chalcas de la *Belle Hélène*, on rit devant les augures qu'on
saluait.

Depuis que dans le cirque poudreux
et sanglant de la politique les événements ont fait la nique à tous les prophètes, le scepticisme a succédé au
respect devant la tribune des parlements.
Dans le pays de la littérature aussi, il y
a décadence de l'autorité, et épanouissement du libre arbitre.

Non seulement, les héros et héroïnes
des premières se sont évanouis et dégommés dans la buée des clubs ou des grands
cabarets pleins de la vapeur des grands
vins, empoussiérés de la poudre de riz
des filles et embrouillardés du souffle
haletant des décavés, mais les critiques
qui les ont remplacés et restent seuls à
faire figure aux belles places, les peseurs
d'écrivains, les mesureurs de comédiens,
les tâteurs de talent ou d'actrices, ceux-là
sont en train de filer aussi leur dernier
coton, — quel que soit le mérite de quelques-uns, dont la lanterne eut longtemps
sa lueur propre et sa rougeur vive sous
le flamboiement du lustre.

Ils ont le même style que jadis, le
même courage, mais le peuple a grandi
et l'intelligence publique a atteint le niveau de l'intelligence spécialiste et de
métier, et de même que les privilèges de

librairie ou de boulangerie sont tombés.
le privilège de certaines professions est
mort.

C'est ce qu'il est curieux de signaler;
à une époque où les grandes traditions
agonisent, il faut montrer comment tout
se modifie ou se démantibule, en petit
comme en grand, à la Comédie comme au
Forum, dans la fin du siècle-martyr !

Qu'est devenu le feuilleton du lundi
qui fit la joie de nos pères, pour employer
le style de nos aînés ?

Au commencement de chaque semaine,
dans chaque journal bien pensant ou mal
embouché, un monsieur passait la tête à
une fenêtre de rez-de-chaussée, et prêchait la saine littérature dramatique.

On disait cette messe-là à jour fixe. Il
donnait l'hostie ou l'absolution aux auteurs, la veille du mardi, point avant,
point après, le Janin de l'endroit ! C'était
son dimanche à lui. Mais le peuple ne
va plus au sermon le dimanche.

Il en reste bien encore quelques-uns
de ces lundistes qui ont gardé le jour et
même qui ont gardé l'influence. Je n'é-
pluche point leur gloire. Ce n'est pas de
la littérature que fait le peintre du *Tableau de Paris:* il signale les tons chan-
geants de la vogue, et c'est un signe des
temps que cette déconfiture de la critique solennelle qui n'aura plus de représentants dès que les titulaires des chaires seront morts. On procèdera par extinction comme dans les charges publi-

ques. L'opinion de tous vaudra décret d'un seul.

Combien eussent crié au sacrilège, il y a trente ans, si l'on avait osé toucher à ce lundi! Ils auraient hurlé que le grand art allait mourir, faute de recevoir la mamelle ou le biberon, à l'heure et dans les conditions fixées par la religion de l'école. Quelques hommes n'hésitèrent pas cependant et jetèrent les habitudes moisies par-dessus bord; on supprima le vieux jeu, les yeux fixés sur le Nouveau-Monde.

Là bas, par de là l'Océan, le gazetier travaille et l'on rédige à la vapeur.

Quelques journaux prirent le pas de course américain, et l'on démolit les *réfléchissoirs* du lundi, pour organiser les observatoires volants qui suivent heure par heure, minute par minute, la pièce en marche, et envoient à minuit cinq le récit de ce qui se passait sur les planches à minuit juste. Quelques vieux, et même des jeunes, s'arrachèrent les cheveux. Ils sentaient que c'était un vent nouveau qui soufflait du fond d'un pays qu'ils ne connaissaient pas, et que l'on en était venu à l'époque où l'on ne préparait pas les prêches, parce que les prêches ne plaisaient plus, et où l'on se contentait d'écrire en courant les sensations du public et les siennes, — comme un reporter trousse des notes de bataille sur le dos d'un canon ou sur le ventre d'un tambour.

Oui, la critique théâtrale en est là, et en prenant cette allure, elle n'a fait que rendre hommage à l'esprit moderne qui veut que les jugeurs de pièces ou de livres ressemblent plus à des chirurgiens qu'à des philosophes; qui proteste contre le pontificat des synthèses au nom de la simplicité de l'analyse : qui est pour l'enregistrement du fait contre le vague du rêve : qui préfère qu'on enfonce une idée ou qu'on cloue un récit d'un coup de poing, dans un article, sous le coup de l'émotion humaine, plutôt que de s'attarder à attacher à ses théories des ailes pour les faire voler haut, comme si elles n'avaient pas leur essor naturel et puissant, quand elles étaient faites pour filer au soleil.

Ils parlent d'élévation en montrant le poing aux *rapides* qui rasent la terre, — aussi niais en croyant dominer la foule que ceux qui croient être les maîtres de l'espace, parce qu'ils sont dans une nacelle de quatre sous, sous un ballon captif, dont le peuple tient la corde, épandu bruyant et tumultueux dans le Champ de Mars!

Non, personne ne dicte au public d'aujourd'hui une opinion, et c'est au théâtre que la preuve devait se faire tout d'abord, et qu'elle s'est faite.

Le parterre et le paradis n'ont jamais regardé à travers les feuilletons roulés en lorgnette, les pièces pour rire et les drames pour pleurer; mais quand l'orchestre, les baignoires, les loges avaient parlé, par la bouche du critique influent ou au viveur fameux, à cette opinion étaient enchaînés les spectateurs des premières et des secondes, les loueurs de loges de côté, les petits bourgeois, les presque rentiers, les demi-instruits qui représentent, somme toute, la moyenne de l'esprit français, ceux qui se placent au milieu dans le théâtre comme leurs députés au centre à la Chambre. Ceux-là aujourd'hui ne subissent plus le joug moral, ils ne sont plus le troupeau que menait paître à sa façon le berger du Lundi. Ah! mais non!

Jadis, ils allaient à la queue leu leu derrière le feuilleton célèbre, prendre leurs places, au guichet recommandé — et de rire et de pleurer, suivant la formule, lorsque la toile était levée!

Maintenant, toute la critique peut porter une pièce aux nues ou la pousser du pied dans le trou, cela ne signifiera rien pour la chute ou pour le triomphe. La foule, ce qu'on appelait avec dégoût le *vulgum pecus*, la foule faite de pauvres et de gens à l'aise, d'hommes d'usine ou de magasin, vêtue de l'habit de l'employé, du petit commerçant et du boutiquier, ou de l'habit du contremaître d'atelier et d'usine, mélange honnête d'une race qui glisse dans la ruine et d'une race qui essaye de s'évader de la misère, cette foule, qui a vu les chefs de parti ou les chefs de ministères faire tant de sombres *impairs*, et qui a assisté, défiante d'abord, toute émue ensuite, à tant de révoltes où étaient d'un côté ceux du paradis et de l'ampnitnéâtre, de l'autre ceux de l'orchestre et des avant-scènes : cette foule-là ne croit plus aux *diriaeant* de n'importe quelle plume ou quel poil, et elle ne se gênera pas pour souffleter demain à tour de bras le verdict que la critique a rendu hier, en conseil de guerre, autour d'une table de café, qu'on insèrera dans les colonnes du journal comme on promulgue une loi au *Moniteur* — elle qui a vu mettre en joue toutes les religions et sabrer toutes les idées, elle qui a joué de plein gré ou par force un rôle dans des drames qu'on critiquait à coups de baïonnette, avec les mitrailleuses qui déchiraient la toile !

Donc morte la vieille critique, mort le *Tout-Paris :* c'était à signaler !

Voyons maintenant où en sont ceux qui livrent la pièce à l'appétit du public — vaudevillistes ou dramaturges ?

Jules Vallès.

84

(L'Avènement de la Fille.)
(Le Boulevard du Crime.)

LE THÉATRE

III

Nous avons dit que des glorieux du théâtre, à qui sous l'empire, le souverain serrait la main et qui en tressaillaient d'aise jusque dans la moëlle des os, avaient été les messieurs Jourdains de la Révolution et avaient fait de l'émeute comme le bonhomme de Molière faisait de la prose. Il faut remarquer que leur barque portait sculptée à l'avant une tête de femme.

Ils eurent leur Théroigne de Méricourt, aussi bien que les Jacobins de 93. Ce fut la *fille*, celle qui se vend cher. Ils la lancèrent en habit d'amazone devant le public; elle fit pleurer dans le peignoir de Marguerite Gautier agonisante; elle fit rire dans la robe d'Olympe tout d'un coup trouée d'un coup de pistolet et fleurie, comme d'un bouquet rouge, d'une grosse tache de sang.

9 Février 1883

Lutte des classes, lutte des races! Pour porter tout le poids de la pièce, en couronne d'épines ou couronne de fleurs, on prend celle dont pas un écrivain n'avait encore osé montrer la frimousse dangereuse à un public auquel on avait fait croire jusque-là que le vice était toujours bas et grossier, un cas médical seulement; il ne se figurait pas que, depuis qu'on avait tué la Du Barry, il y avait encore des créatures qui tenaient dans leurs mains couvertes de bagues le sort et l'honneur de l'état-major qui avait l'air chargé de mener la nation. Les auteurs dramatiques du second Empire enseignèrent à cette foule que tout un monde était en train de mourir à la lueur des bougies flambant dans le cabinet du grand Seize ou dans les restaurants fréquentés par les fils de raffineurs ou de marchands. Les simples commencèrent bien par insulter les malheureuses straînées harnachées d'or sur la scène, mais ils finirent par voir clair et ne jetèrent bientôt plus d'injures à l'actrice scélérate et jolie, comme ils ne lancèrent plus de pierres aux insolentes qui allaient aux courses dans un quatre-ressorts mené à la Daumont, le lendemain du jour où l'une d'elles leur cria : « Mais j'épuise ceux qui vous usent la vie; je mets sur la paille ceux qui vous font crever de faim! »

On laissa désormais passer la fille du faubourien fusillé à travers le faubourg Antoine, comme la statue impudique de la vengeance. Au théâtre, ce fut tout un champ nouveau qui s'ouvrit derrière ces réhabilitations d'anciennes damnées, derrière ces études inattendues des amours et des misères dorées.

Dans le sillage tracé par ces viles sirènes, s'engagea un genre qui nage en plein courant de la science moderne, ennemie des vagues synthèses, amie de l'implacable analyse.

Mais ne versons pas dans la philosophie et n'empiétons pas sur le terrain des autres, c'est sur le pavé de Paris qu'il faut rester ! Je vise seulement à établir que le *gobeur* du drame de jadis a fait son temps, et l'on dirait qu'il y a un demi siècle que le boulevard du Crime, témoin de tant d'arrestations et d'assassinats, a été à son tour attaqué et assassiné !

Ce n'est plus par l'accumulation des forfaits qui suent le sang, qui ont du rogomme dans la voix et les pieds dans la fange des bouges ; ce n'est plus avec des tueries de tavernes ou de cavernes que les auteurs essaient d'empoigner la foule ; c'est par des récits d'assassinat légal, de meurtre couvert par la loi hypocrite et féroce, c'est, sur le ton des conversations qu'on a dans les salons bourgeois, que se déroulent les tragédies en prose.

Plus de douleurs à grand volant ! Le chagrin n'a plus la cape et l'épée. On saigne et l'on meurt en dehors de la justice et du châtiment, au fond des boutiques,

dans le coin des usines ou des banques,
sans qu'on entende le cri de l'assassin,
ni de la victime.

La vertu n'est pas toujours récompen-
sée, le vice toujours puni !

Le public devine, sous le couvert même
des dénouements qui rassurent les âmes
timorées et la censure aveugle, le public
devine que c'est bien le vice, qui sera
triomphant ! C'est une révolution, cela,
dans le domaine de l'art théâtral, et
comme il n'y en a pas eu encore !

Malheureusement le Progrès en passant son rouleau sur les inégalités sociales, écrase sous le même tour de roue le
relief des curiosités.

Au moins faut-il saluer d'un geste
reconnaissant quelques-uns des spectacles curieux qu'elle a tués.

Comme il était plein de vie, ce boulevard du Crime ! Gavroche, Galuchet,
Rigolette, Pitou, Arthur dévoraient le
chausson aux pommes dans un paysage
qui avait des lueurs d'Orient; avec ses
éclairages de chandelle des six et ses
abats-jours de papier rouge dont le reflet sur les oranges, ressemblait à une
traînée de pourpre sur un tas d'or.

Et les bonnes odeurs de marrons, qui
se moquaient des inventions de Pinaud
et de Piver et qui apportaient aux narines de ceux nés dans les trous de
province, tous les parfums de la vie de
jeunesse, tous les souvenirs des pays de
montagne !

— Le coco ! un sou le verre !

Pauvre marchand ! je le rencontre encore autour de l'Ambigu, mais vieux, cassé, misérable ; la girouette ne tourne plus, comme un coq de clocher, au-dessus de sa fontaine, — le vent nouveau l'a démoli ! — et c'est de la bière qu'on boit, comme les uhlans !

— La galette chaude ? Elle a refroidi. émigré ; le père Coupe-Toujours es' mort !

On était gai dehors, parce que la pièce qu'on jouait en dedans finissait bien. L'intrigue était sombre, mais on était sûr au dénouement que le traître serait écrasé, que les braves gens rentreraient dans leur dû, que les honnêtes filles épouseraient leur bien-aimé, et plus les actes étaient noirs, plus les entr'actes étaient roses !

Naïves à couper au couteau — comme la galette — les pièces qu'on jouait aux Folies-Dramatiques et ailleurs !

Aujourd'hui, ces Folies-Dramatiques, la Renaissance, leur sœur, jouent des opérettes cent, deux cents fois et plus, parce que les acteurs et les actrices du jour ont le *chien* qu'il faut avoir maintenant, un chien qui mord les talons de ganaches en habit de cour ! Le public aime à voir rouler dans la farine, traîner dans la crotte parfumée des couplets moqueurs, ceux qu'on appelle les potentats, les intendants, « l'autorité ». Le peuple qui, dans les convulsions des batailles, a fait ce que vous savez des rois ou des prêtres, va volontiers porter ses sous au théâtre, où l'on berne et les rois et les dieux, rois de Gérolstein ou dieux de l'Olympe. C'est un coup de pied au derrière de la tradition, et cela fait suite encore aux coups de fusil.

Partout, partout la même tendance, éclatante ou sourde, dans la farce comme dans le drame. On ne croit plus à Mélingue, et Frédérick-Lemaître, s'il revenait au monde, ne réussirait pas, en ramassant tout son génie, à ressusciter le monde dramatique qui accepta pour sceptre le bâton de Robert Macaire et même l'épée de Ruy Blas ! Retenons de ce voyage à travers les mœurs théâtrales du jour, cette remarque que c'est la femme — l'être du coin du feu et de l'alcôve — qui a chassé les anciens héros du théâtre classique et romanesque, la vie familière faisant, comme dans un programme communal, échec à la vie publique !

Jules Vallès.

(*L'Acteur rangé.*)

LE THÉATRE

IV

« La vie familiére fait, comme dans un programme communal, échec à la vie publique », telle est la dernière ligne du *Tableau de Paris* — coup de pinceau donné de travers, trait arrèté en route, épithète collée à faux par un hasard de manuscrit ou de correction.

Au lieu de « vie publique », il faut lire « vie de solennité et de convention! »

Et, en effet, la solennité et l'aventure ne *crânent* plus sur la scène nouvelle. Le comédien, lui-même, cet irrégulier le la légende, est en train de se convertir et il est converti!

Ni hommes ni femmes ne jettent plus leur chapeau ou leur bonnet de théâtre par-dessus les moulins, mais ils s'occupent d'apporter à ces moulins-là du blé à moudre.

17 Février 1885.

Les huissiers **saisissent** et la vogue délaisse ceux ou celles qui en sont encore aux misères du Roman Comique. Autrefois, on saluait et on inscrivait à l'actif de leur popularité l'insouciance monétaire des Frédérick ou des Déjazet. Aujourd'hui, on hésite à engager Rousseil parce qu'elle est pauvre, et il ne faudrait pas que Sarah eût encore trop de démêlés avec ses couturières ou fût volée par un autre parent. Quelques-uns ne l'aimeraient que davantage, égoïstes de l'art cruel, qui sauraient que sa souffrance alimentera son génie; mais aux yeux du Nombre, elle serait raccourcie d'une coudée. Bref, dans leur foyer comme sur les planches, les gens de théâtre ont été empoignés par l'esprit positif du temps.

Finies toutes les bohèmes, qui avaient leurs vices mais aussi leurs vertus, et des éclairs d'héroïsme et de génie, au milieu de leurs belles folies !

Et il est arrivé pour les acteurs ce qui est arrivé pour les gens de lettres ou les peintres, à savoir que les parias de la veille sont devenus en mainte place les heureux et les enviés du lendemain.

Du moment où ils ont cessé de garder dans la coulisse le nimbe de foin ou de roses, du fou de cour ou de la folle d'amour, de Triboulet ou d'Ophélie, ils ont fait le saut tout entier, et d'un bond, une race entière a fait le plongeon de

coté de la Bourse ou de la Caisse d'épar‑
gne. Le comédien est devenu économe,
rentier, même millionnaire !

Sais-tu cela, toi qui as payé ta place
à l'amphithéâtre, ou pris un billet à prix
réduit chez ton coiffeur, toi qui as ob‑
tenu une contremarque à la porte ou es
venu en *solitaire* dans un coin du par‑
terre, ouvrier, antique calicot, vieil étu‑
diant; sais-tu que tu n'en reverras plus
le ces acteurs qui causaient avec toi jadis
dans les soirées de tempête, et que tu
allais attendre à la porte des artistes
pour les accompagner jusqu'à leur voi‑
ture, parce qu'ils avaient l'air débraillé
à la ville comme à la scène ? Ils étaient
« peuple » à ton image, peuple par leur
accent, leur allure et leur vie. Ils sont
bourgeois, maintenant, plus bourgeois
que la moitié de la bourgeoisie.

Vous souvenez-vous comme les pères
le théâtre vous savonnaient le neveu ou
le cousin qui parlait de barbouiller de
la toile, de faire des pièces, de jouer la
comédie ! Ah, grands dieux ! Ces pères‑
là étaient marchands de toile ou de se‑
ringues, de lunettes d'approche ou de
lunettes de commodité; ils vendaient de
l'étoffe ou du métal, et s'étaient décou‑
pé là dedans une fortune qu'attendaient
en mâchant de la vache enragée, ces
coureurs d'atelier ou d'agence, en quête
d'une commande ou d'un engagement.
Tous traités en queues rouges, ceux qui
voulaient être acteurs !

Je ne sais même pas si, parmi les bâtisseurs de pièce, il y en ait un seul qui ait osé faire carrément un héros et un brave homme d'un candidat au métier de comique ou de tragédien. L'auteur pouvait bien, pendant les répétitions, serrer la main et caresser la manie de celui qui lui jouait ses rôles, mais de là à réhabiliter la race devant le public, au feu du gaz, il y avait un abîme.

Encore aujourd'hui, la bourgeoisie écrivante s'en défend et cette réhabilitation n'est écrite dans aucune œuvre forte; mais la bourgeoisie raisonnante et ventante, celle qui disait être venue à Paris en sabots, les oncles qui déclaraient ne vouloir laisser d'héritage qu'à celui qui prendrait la succession du *Pilon d'or* ou du *Peigne d'argent*, ces bonshommes de l'ancien Vaudeville ont disparu de la scène des heureux — et, s'ils se promènent encore en vainqueurs, entre les portants, sur le dos de quelques *ours* d'auteurs démodés et fanés, ils sont sur la paille les trois quarts d'entre eux, dans la réalité de la vie!

Ce sont les déclassés de jadis qui ont le sac, à présent, et c'est la boutique qui est usée jusqu'à la corde. Ils sont en pays de Cocagne, les peinturlureurs de l'avenue de Villiers, les reporters du faubourg Montmartre, les chroniqueurs du boulevard, les *artisses* qui ont deux liards de talent. On couvre d'or ces deux liards-là! Mais les braves gens qui jadis les calomniaient ou avaient pitié d'eux ne peuvent pas toujours venir les siffler par dépit, ou les applaudir par entraînement. Tombés morts à la peine ou se débattant dans l'agonie, ces fabricants et boutiquiers qui haussaient les épaules devant les professions non classées à la halle des farines, des draps, du sucre ou du cuir, et qui aujourd'hui courbent la tête devant les Sicambres du capital, commandés par les Boucicault ou consorts !

Ce sont ces sages déconfits qui maintenant prennent, le dimanche, le chemin des villas chauffées en hiver, fraîches et fleuries en été, où ils trouveront la soupe beurrée que le neveu, méchant comédien, allait lapper jadis chez eux, et peut-être aussi l'appoint nécessaire pour solder le billet qu'on a présenté inutilement samedi à la caisse du magasin. Si, à midi, lundi, l'argent n'est pas venu, c'est pour le signataire une chute bien autre que celle d'un acteur dans une pièce — le souffleur de ces drames-là souffle des phrases de suicide.

La Bohème a déplacé la guenille qui lui servait de drapeau. Il y a maintenant la bohème de la filoselle et de la drogue, la bohème de la petite fabrique et de la petite usine, plus triste que celle qui, n'ayant jamais rien eu, n'a pas le regret d'une vie détruite. Voilà qu'ils sont les fruits secs et les ratés, ces méprisants et ces conseilleurs de jadis ! Et les artistes sont vengés !

Tout cela n'est que relatif, et il reste des acteurs pauvres et des boutiquiers riches ; mais qui oserait nier le coup de bascule ?

Vengés, les artistes ! Plus à craindre qu'à plaindre, à présent ! C'est leur triomphe qu'il faudrait passer au crible. Contentons-nous de le constater. Il était fatal que la revanche fût trop belle. Toutes les réactions vont trop loin.

L'équilibre se fera vite. Tout rentrera dans le rang. Ceux qui étaient en arrière et vaincus reparaissent à la première file. Ceux qui étaient en avant sont rejetés dans le fond. Rentrez, celui-ci ; sortez, celui-là !

Mais tous vont au tas ! — sur lequel le siècle qui meurt veut promener son niveau ! Nul, qu'il le veuille ou non, ne peut rester fantaisiste et insolidaire, en dehors du mouvement nouveau, boutiquier ruiné, ou acteur enrichi, homme qui pleure pour de vrai ou bouffon qui verse des larmes pour rire et vit de la douleur dont les autres meurent !

JULES VALLÈS.

LES CAFÉS-CONCERTS

Ils tombent comme des capucins de cartes, faillites sur faillites. J'en ai vu jusqu'à trois déposer leur bilan l'autre semaine.

Dans ce pays où tout finit par des chansons, ce sont les nids à chanson que la grêle des protêts tue, au moment où les merles devraient faire prime, par ce temps de Mazarins à siffler !

A Londres, aux heures de gâchis politique, le Musée-Hall ramasse l'or à la pelle — parce qu'à Londres il y a la liberté du rire, et qu'on peut chaque soir égratigner à la joue la reine comme une simple Marguerite de Bourgogne, ou frapper à la face le puissant du jour avec le gant de boxe de l'ironie.

Et voilà pourquoi, quand on se chamaille à Saint-James, quand M. Bradlaugh fait des siennes devant les portes du Parlement, quand les hommes d'Etat pataugent, quand les hommes d'opposition aboient, il y a foule, le soir, pour voir ces ministres ou ces trouble-fêtes

23 Février 1883

danser la gigue sur les planches, dans
l'habit qu'on leur connaît, avec la tête
qu'ils montrent à la ville, pâle ou san-
guine, fraîche ou ridée, — au refrain de
quelques couplets blagueurs improvisés
deux heures avant la séance, sur la lecture du journal du soir, par le chanteur
en vogue, par l'Ange Pitou en renom.

Ils font tous cela, les chanteurs favoris
du peuple anglais; et, s'il y avait des
Ferry et des Thibaudin à portée de la
main, comme ils s'en payeraient sur le
dos de ces juifs errants de ministère, et
les recettes monteraient dans les alcazars
du Strand ou d'Edgward-Road! Ici, en
pleine saison d'ironie, les marchands de
gaieté tirent la langue et crèvent la faim.
Ils ne peuvent payer ni leurs étoiles ni
leurs lampes. Les artistes en arrivant
trouvent la maison éteinte. La Compa-
gnie a coupé le gaz. La Censure avait
commencé par couper la langue !

Elle permet le cri de la gorge, la voix
de nez ou la voix de ventre, elle ne permet pas le cri de liberté, la voix de
cœur ! Le moindre couplet est fouillé,
sondé, écartelé, par une commission
l'examen bête et féroce.

Il y a dans cette salle un millier de
têtes françaises dans lesquelles bourdonne
le génie à la fois enthousiaste et moqueur
de la patrie. C'est le moment, s'il y a
frisson public, sous le ciel de Paris, de
noter ce frisson et de livrer à cette
foule une chanson dont elle élargira les
ailes, et qui emportera l'idée comme dans

son vol ! Allons donc ! — On a peur de cette envolée !

Il est défendu de jeter un mot ou de décocher une strophe comme on envoie une flèche ou un bouquet, comme on lance une menace ou un salut.

Ce dont tout le monde parle dans les salons ou les repaires, dans les ateliers, les cafés, la rue : le bruit du jour, le souci du soir, qui grise les uns d'espérance et gorge les autres de crainte : cela, âme de la ville, se trouve à la porte des endroits où l'on chante et l'on ne donne droit de vivre qu'à une littérature moutonnière, vieillotte, rance, moisie, qui porte encore au cou les rubans de Florian, et qui se frotte les épaules dans le tricot du faux bonhomme Béranger.

Ils ridiculisent la terre, la grande nourrice, et ils chantent les vertus de la guerre, ces queues-rouges !

Ce n'est point la faute de ceux qui font les chansons et de ceux qui les disent. C'est la faute de cette censure qui ne permet que ces jeannoteries ou ce bérangérisme, vieille hypocrite — après que le couteau de Jeannot a fait métier de poignard dans les guerres civiles, après que la garnison de Sedan vendue, a souffleté le buste du poëte de Napoléon avec les guenilles de ses drapeaux avant de les livrer à la flamme ou à l'ennemi !

Il y a bien par-ci par-là quelques artistes, hommes ou femmes, qui ont du talent, un talent qui perce la peau de mouton dans laquelle on leur passe les

bras comme dans un manchon de camisole, mais ils ne peuvent avoir que des
mouvements d'estropiés.

Il y aurait à rire et à danser devant
l'arche, à jeter de la farine au nez des
pierrots du Parlement, à se coller à la
face des masques, qu'on écorcherait à
coups d'ongles ou même qu'on noierait
de larmes; il y aurait à combattre le
combat humain et le combat public,
deux heures par soir, au galop!

C'est là que les mœurs du temps devraient être croquées sur le vif, à plein
crayon, à pleines dents!

Mais, pour toute cible, vous avez quoi?
la belle-mère, sur la bedaine ou le po-
lisson de qui l'on tape depuis trente ans!
Pauvre vieille! tu ne me fais plus rire —
et leur bêtise me ferait pleurer!

Tout le monde n'en est pas là, et s'il
y a des cafés-concerts qui font faillite
par douzaines, quelques-uns sont bourrés
jusqu'au plafond, quoiqu'ils donnent le
même spectacle que ceux qui ont fermé
boutique. C'est que le peuple a besoin de
repos, et qu'on aime à se trouver ensemble, les braves gens de Paris, quand on
a fini sa journée! On aime à laisser
quelquefois le foyer où l'on ne brûle
pas la chandelle par les deux bouts,
pour aller où il y a le gaz à grands jets
et l'or à grosses taches. Pour quelques
sous on a un luxe de millionnaire sous les
yeux!

Puis, si niaises qu'elles soient, ces
chansons, elles font oublier les mots

durs du patron ou les paroles inquié-
tantes du banquier.

C'est toujours ça de gagné sur l'ennemi !

Louis Veuillot, dans les *Odeurs de
Paris*, représente le public de ces cafés
comme un ramassis de fainéants ou de
débauchés ! Vile calomnie ! C'est le peuple tranquille et la petite bourgeoisie
courageuse qui constituent l'auditoire,
et voilà bien pourquoi je voudrais qu'on
parlât à ces gens un langage qu'ils com-
prendraient.

La littérature qu'on leur sert leur
suffit ; elle verse du lait dans leurs
oreilles ! Elle pourrait leur verser du
vin dans le cœur.

Un jour, une femme de par là arriva
avec un geste et une voix virils, dans
cette époque où les hommes avaient la
bouche cousue et les bras coupés.

Elle cria :

Mais il faut en donner au peup' pour son argent !

Et le peuple comprit, applaudit, et fit
la gloire et la fortune de cette chanteuse
du *Sapeur*, qui sapait l'Empire en ri-
golant !

Elle devait prendre le biais, mettre
une fausse barbe, battre la charge sur un
chaudron. Aujourd'hui, la Muse populaire peut mettre des couleurs à son fifre
et même fioriturer sur un clairon.

La place est libre, et je ne vois plus
d'espions à fusiller dans les autres
champs où la littérature pousse son soc

et creuse son sillon.

La censure a désarmé de fait, devant les audaces du théâtre et du roman nouveau. Seul, le café-concert reste un otage entre les mains de ces inquisiteurs appauvris et furieux.

Au lieu des barcaroles niaises, des chants de bengali, des farces sans sel, des hymnes sablés de poudre, à chanter avec des airs de colombe et de singe, on offrirait à la Muse nouvelle la grande vie des paysans et des ouvriers, la poésie ensoleillée et la poésie sombre, le paradis de la nature, l'enfer de l'atelier ! Et tous ceux qui seraient là frémiraient. On aurait pour se distraire l'ironie, qui attaquerait à l'arme blanche les pantins d'ici ou de là, du Forum ou de l'Élysée !

Allons, vieux beuglant, il s'agit de ne pas rester là : comme un mouton qui bêle ; il faut se révolter et, comme les camarades, faire sa révolution. Traître, celui qui laisse dans les filets de l'ennemi l'alouette gauloise, la chanson française !

Jules Vallès.

(Théophile Gautier — Baudelaire —
Leconte de Lisle.)

LES CÉNACLES

I

Le cénacle : un peloton de gens qui ont les mêmes idées et le même but, que les hasards de la vie de misère et les nécessités de la vie de travail ont rapprochés dans des endroits communs, crémeries, tables d'hôte, bibliothèques ou musées.

Quelquefois, c'est dans la rue qu'on a fait connaissance, un jour où l'on criait pour Michelet ou contre Nisard, sous le poing de la police, qui cognait dur, et il s'établit sur place la camaraderie des yeux au beurre noir.

Dans l'Ecriture sainte, que je ne connais guère, le cénacle est, si je ne me trompe, la salle où Jésus rompt le pain avec ses disciples, leur donne le mot d'ordre et indique le *discours à faire* à ceux qu'il a choisis pour porte-paroles.

C'est Balzac qui, le premier, détourna le mot de son sens religieux, tout en lui conservant une portée sacrée. Il y a les saints et les martyrs de l'idée comme il y a ceux de la foi. D'Arthez est un Christ

2 Mars 1883

républicain, et les penseurs, et les poètes inconnus, sont aussi des hosties, pâles de la pâleur de faim, et baignées du sang qui sort du cœur troué par les flèches des Philistins méchants, comme le Nazaréen par les lances du Calvaire.

Il traîne toujours un peu de religion dans le fond des verres où boivent les gens de cénacle, justement parce que ces verres-là ont l'amertume du calice et qu'on se console des douleurs terre-à-terre en montant dans un ciel dont on garde la clef.

Et voilà l'envers de la médaille et le danger qui se cache sous le manteau de la fraternité qui couvre les cénacliers de ses plis. Ils écrivent un évangile à l'usage de leur école, et en arrivent à croire qu'en dehors de leur secte, il n'y a pas de salut.

Mais il faut bien dire que ce péril est caché sous des fleurs ; le cénacle a des bluets sur sa cocarde.

C'est toujours beau à voir, un lot d'adolescents qui se serrent en troupeau de lutteurs et qui ont la grâce dans la force puisqu'ils sont au printemps de la vie.

Loin, bien loin, les jours de l'impasse du Doyenné, où Théophile Gautier, Gérard de Nerval, Arsène Houssaye et autres proclamaient le droit du soleil dans les livres et du plein ciel dans les tableaux, tout en étouffant sous le plafond de leur atelier ! Mais, à travers les années tombées, on aime à ressusciter le

souvenir de ces cénacles chevelus, dont
les gilets étaient, par quelque coin, des
bouts de drapeau rouge. Ils étaient une
demi-douzaine qui portaient leurs têtes
comme des saints sacrements, Saint-Justs
de la révolution nouvelle.

Nul doute qu'ils étaient plus forts,
parce qu'ils se sentaient les coudes, et
parce que tout en mettant le feu aux
académies, ils faisaient ensemble la
chaîne contre la routine et la pauvreté.

Il est sûr encore que le talent de chacun gagnait à se frotter aux manches
des camarades; les discussions et les em-
poignades servaient à remettre le style
ou l'idée au point, et même ouvraient,
avec les vitres cassées, des jours plus
grands sur l'horizon.

Comme ils durent regretter souvent
ces heures de jeunesse, ces commence-
ments pleins de franche insouciance et
de belle folie ! Car leur âge mûr et leur
vieillesse ne furent pas couronnés de
bonheur, quoique couronnés de gloire,
et l'observateur doit s'arrêter pensif là
où fut cette impasse du Doyenné. Il est
obligé de se rappeler comment Gérard
de Nerval finit et comment Théophile
Gautier vécut, dans les derniers temps
qui précédèrent sa mort ! —agonie pleine
de désespoir, sous son masque de sérénité.

Ce cénacle est le plus célèbre, et même
le seul qui ait eu son histoire et sa légende.

Il en est d'autres, qui, quoique disparus avec le Paris d'il y a vingt-cinq ans, ont fait marque pourtant sur le Paris d'aujourd'hui. A leur ombre est attachée l'histoire d'une école ou d'un parti qui possède, à cette heure, pignon sur rue, alors que, jadis, le berceau vagissait sur quelque table de café, au milieu de demi-tasses sans petits verres, à l'angle d'une rue obscure du quartier Latin.

Ce sont des poètes encore, mais qui font la guerre à la poésie de la veille. On peut bien dire que M. Leconte de Lisle est le père de toute une école qui tient un côté du pavé, tandis que celle de Beaudelaire tient l'autre. Eh bien : c'est dans un estaminet de la rue des Quatre-Vents, au coin de la rue de Seine que furent dites les premières pièces des *Poèmes antiques* et des *Poèmes barbares* et que fut forgé le premier bouclier que porta à son bras la Minerve des Impassibles.

Cela s'appelait le café Mariage. Autour de Leconte de Lisle, il y avait Louis Ménard, Auguste Lacaussade, Eugène Cressot et d'autres, mais dont le nom n'a pas fait trou.

Cressot, un Gringoire famélique et comique, mourut quand il eut de quoi manger. Lacaussade devint un poète aux gages du pouvoir. Louis Ménard, seul, s'est fait une réputation à part, comme fouilleur de la vieille Hellas.

Quelquefois on recevait des nouvelles

d'un exilé qui avait rompu son ban et
était venu gagner son pain dans un trou
de province, sous un faux nom. Il s'appelait je ne sais comment dans l'usine
où il surveillait les coulées de fonte, —
sous le nom de Paul de Flotte, il avait
trempé ses pieds dans la coulée rouge
de Juin. On avait là des âmes d'insurgé
et, sous les dentelles des strophes, ces
sculpteurs de vers cachaient une épée,
tronçon du sabre et même du couteau de
93. C'est bien pourquoi la strophe était
si pleine et d'un métal si dur !

On va démolir, un jour ou l'autre,
cette rue des Quatre-Vents, infâme par
un bout et glorieuse par l'autre. Si vous
voulez voir où naquit l'école à laquelle
appartiennent la moitié des faiseurs
de vers d'à présent, entrez dans cet estaminet où les bourgeois du quartier vont
faire les dominos, le soir, et où quelque
vieux pourra vous dire qu'il se rappelle
très bien qu'à cette table, là-bas, il venait, il y a trente ans, des gens qu'on
appelait les grecs, quoiqu'ils ne jouassent
jamais aux cartes et qu'ils eussent l'air
bien honnête, ma foi !

Le cénacle Baudelaire.

Pour retrouver ses traces, à celui-là, il
faut remonter vers l'Odéon, entrer au
café Tabouret, où, de temps en temps,
l'auteur des *Fleurs du mal* venait demander un litre et réciter l'*Ame du
vin* :

Un soir, l'âme du vin chantait dans les bouteilles

Dans cette salle, assez étroite et assez obscure, qui existe encore malgré les révolutions que le café a subies, envahi par les femmes, converti en brasserie de filles, à cette table, en face de la porte, que de fois j'ai vu s'asseoir le poète aux yeux brillants, que Monselet appelait deux gouttes de café noir !

Un ambulant ! Il emmenait ses admirateurs un peu partout et même il prêchait du haut du canapé des autres, pendant des semaines, si l'endroit lui plaisait ou si quelque raison d'argent l'avait empêché de rentrer chez lui. Il resta longtemps chez Courbet, dormant contre des toiles roulées; les chefs-d'œuvres étaient utiles au moins : ils servaient d'oreiller. Mais le cénacle suivait Baudelaire pas à pas, en tous cas, suivait sa pensée, était accroché au pan de son talent ou, comme on disait, de son génie. Il a traîné après lui, de son vivant, une troupe d'hommes qui n'eut pas le temps ou la force de l'imiter et de lui faire cortège par des œuvres, mais qui sema l'admiration pour l'avenir !

Semaille partout et sans cesse éparpillée dans les salons de bas-bleus ou dans les bouges fréquentés par les talons noirs que les baudelairiens aimaient à visiter; ils jetaient le grain avec des gestes d'apôtre ou d'ivrogne, ou de fou, ces disciples parfois débauchés et fainéants. Ce grain a poussé : le vieux cénacle d'autrefois, dont les survivants ont les cheveux blancs, et que la mort a décimé, ce cénacle-là a fait des petits, et toute une génération de poètes ou de poétaillons vit sur la légende dont il est couronné, et mange le pain qu'il a pétri. Mais il y avait au milieu de la moisson des bouquets de belladone, et les faiseurs de vers ont brouté ça avec le reste, et c'est devenu la mode de paraître fou, et de contrefaire l'halluciné.

Aussi il y a des gens qui se signent devant M. Villiers de l'Isle-Adam ou M Maurice Rollinat. C'est du cénacle que tout cela sort, du cénacle ou l'on a déformé la tradition en croyant l'anoblir, où l'on a dépassé l'idée et le but du maître. Le cénacle est responsable de toutes ces déviations de la pensée, de toute cette épilepsie du langage, de tout ce scudérisme de l'ordure, qui sont en vogue chez des gens qui se croient des hiboux et qui sont des singes. Petites chapelles de faux convulsionnaires pour rire qui noient dans un baquet de Mesmer, acheté à la contre-façon, ce qu'ils avaient de talent personnel et frais.

Le peuple arrive qui prend la parole !

Jules Vallès.

(L'Agonie.)

LES CÉNACLES

II

Le peuple traite avec dédain les petites
boîtes à camaraderie et les petites fabriques de gloire.

Le peuple, — je n'entends pas là l'armée seule des blouses, — il n'y a plus
guère de blouses, d'ailleurs. Nous l'avons
remarqué déjà, l'ouvrier n'a plus un
uniforme de forçat ou de rebelle collé à ses
épaules, il s'habille du bourgeron ou de
la veste, qui ressemblent à la redingote
et à l'habit. Les costumes se croisent et
se mêlent comme les races.

Le peuple ? Non ce n'est pas uniquement la troupe des mains noires, recru-
tée devant l'établi, l'étau ou la meule.
Ils méritent, ceux-là, le salut de tous et
c'est à eux que devraient aller tout d'abord
les sympathies des hommes qui étudient
les questions de labeur et de misère

9 Mars 1883

Mais il y a des laborieux et des pauvres en dehors de l'usine et de l'atelier. Sous ce nom de peuple, il faut embrasser — et d'une embrassade républicaine — tous ceux dont la fortune n'est pas fille du hasard, mais du travail. Le travail ! voilà le signe de ralliement. Est du peuple quiconque ne doit pas à un simple héritage de traditions ou de coutumes son pain su son influence, sa place honnête, étroite ou large, dans le champ de la vie ; — du peuple, quiconque lutte avec courage et produit, dans l'obscurité ou au grand soleil, sa part d'outils — pour aider au jeu de la grande machine démocratique dont les premières pièces ont été forgées par la Révolution française, mais qui depuis, hélas ! semble avoir écrasé plus d'hommes qu'elle n'a su moudre d'idées !

C'est Paris qui graisse les rouages de cette machine de sa chair et de son sang : c'est Paris qui entretient la mécanique, souvent au péril de fièvres terribles et de sanglantes agonies. Il n'y a pas à voir de quel côté on se trompa aux tragiques moments ! je veux constater seulement la vertu de sacrifice, la passion de combat qui est dans ses veines, à cette cité toute labourée de cicatrices. Et, pensant aux ténacles où l'on rêve, aux petits coins où l'on enroule des vers et des phrases autour des mirlitons, en disant que l'art est tout, je me demande si cet art-là n'a pas des airs de lâche et de traître, quoique ses disciples aient des mines et même des cœurs de vaillants.

Quelle pitié de voir tourner dans ces cercles étroits des intelligences qui étaient fières et qui finissent à ce jeu de cirque par jouer le rôle du *cheval blanc* fouetté par M. Loyal, se contentant de tourner sur la piste avec des grelots et des pompons, au lieu de descendre dans l'arène et de faire la révolte des gladiateurs.

Le cénacle, tel qu'il s'est montré jusqu'ici, s'est isolé dans son orgueil, a tracé un rond avec la badine de la fantaisie, comme Popilius, avec son bâton, et a déclaré qu'il s'enfermait là-dedans, et qu'il n'y laissait pas entrer les profanes! Ces profanes-là sont des millions!

Et voilà pourquoi, dans le tableau du Paris nouveau, le cénacle tient la place d'un agonisant, et même, malgré le bruit qu'il fait, comme un revenant de village qui grince des dents et secoue une lanterne rouge, il a toute la mine d'un mort, — mort, sur lequel on n'aurait pas plus envie de pleurer que sur le cadavre d'un déserteur, si l'on ne savait que les cénacliers croient être des hommes d'action à leur façon, et s'il n'y avait là toute une force de jeunesse égarée et perdue, — quelquefois aussi ironiquement jetée dans la voie qui mène dans le pays ou plutôt dans la féerie du crime.

Je voyais hier juger et j'entendais acquitter le fils du prince de Polignac. Je ne crois pas qu'il eût réclamé, la torche à la main, une paternité, s'il n'avait pas passé par les théories d'un cénacle, com-

posé de braves gens et de gens de talent ;
mais dans l'étroitesse d'une sacristie,
l'éclair d'une théorie effleure des pou-
dres cachées, met le feu à des colères in-
connues. On avait allumé un paradoxe
pour illuminer une idée ; — de l'illumina-
tion, l'autre est allé à l'incendie, tout
droit. C'est parce qu'il vivait enfermé
dans le rayon de quelques amitiés entê-
tées à voir le monde avec des yeux de
rêveur ! On a le droit de pousser loin
dans le rêve, — on peut arriver jusqu'à
la cour d'assises, dans la réalité.

Le cénacle devient un danger ; on est
autorisé aussi à le traiter en ennemi.

Tout le monde, de gré ou de force,
doit entrer dans la vie publique, et les
petits entêtements d'école, le mépris sin-
cère ou menteur du gros de la ville, le
serment de rester en Siméons stylites sur
une colonne bâtie dans un coin par quelques-uns, tout cela peut partir de cœurs
orgueilleux, mais c'est de l'égoïsme ou
de la folie.

Pourquoi des jeunes, nés dans les
temps tourmentés et superbes, s'écartent-
ils de l'inondation et vont-ils se cacher
sous les saules, en petits troupeaux, pour
y ciseler les grains minuscules d'un cha-
pelet d'académie non reconnue ! Recon-
nues ou non, elles se valent toutes ; et
tout en se croyant des brise-tout et de
fameux échevelés, ceux qui se confinent
dans ces chapelles des Batignolles ou de
la Montagne-Sainte-Geneviève sont simplement des ébouriffeurs de perruques et

des provinciaux dans Paris.

Or Paris demande à ceux qui sont nés sur son sol ou ont conquis leurs lettres de naturalisation par des années de misère sur son pavé, Paris demande à qui veut un morceau de gloire, de le gagner comme on gagne un morceau de pain. Il faut y aller de sa sueur.

J'entends dans un volume qui est là sous mes yeux, roucouler des colombes blessées, ou crier des chouettes qui ont les yeux crevés. Des bêtises ! Et le coq, dont la crête a fait bannière sur le fumier les immenses tueries !

Regardez de ce côté-là, et dépêchez-vous de semer la pitié, de chanter la justice ! Dépêchez-vous de montrer dans vos poésies ou vos livres le monde immense des sacrifiés à ceux qui ne le connaissent pas et ne croient qu'au crime ou à la folie, point à la douleur amassée et au désespoir fatal, quand, tout d'un coup, on sort des mansardes ou que l'on descend des faubourgs. Hâtez-vous, hâtez-vous !

L'idée de guerre appelle tout le monde au son de ses tambours, qu'on crève et qu'on est forcé de ressusciter ! Tous soldats. Jadis on pouvait acheter un homme et regarder la bataille du haut de la fabrique ou du castel du père. C'est fini; il faut le flingot dans la main du poète comme dans celle du laboureur; quand la caserne est quittée, la besogne militaire finie, reste le devoir du Parisien, qui n'a pas plus le droit de bénéficier gratis des joies de la Cité, qu'il n'a le droit de se

erouer aux exigences de la patrie — et
il est injuste que quelques-uns s'écartent
de la grande foule et refusent de monter
la garde devant cette statue de la Liberté,
que Paris a plantée pour l'honneur du
monde et que soutiennent éternellement
ses blesses.

Ces cénacles courageux, — comme des
réunions de chrétiens persécutés — avaient
leur raison d'être quand la patrie ressemblait à un théâtre grec, occupé par les
héros, livré seulement aux *a parte* de
quelques rèbelles, sans que l'on vît rien
du peuple, de celui dont j'ai parlé, vêtu
comme un étudiant ou nu comme un ver-
cier ; mais il faut le crier et le répéter ;
c'est notre *liberata Carthago* ; le chœur
antique a envahi la scène et est venu
hurler ses propres douleurs, à la face du
passé, et en regardant vers l'avenir !

Des hommes ont, certes, le droit de se
rejoindre et de se grouper autour d'une
doctrine ou seulement d'une fantaisie —
comme les communes ont le droit de vivre dans la nation la vie qui leur plaît;
mais il faut une âme à l'éparpillement
fédéral. Il faut aussi que les cénacles
aient un pied sur le champ de bataille,
et ceux qui se contentent de bâiller aux
corneilles et de chanter aux étoiles, seront écrasés — et ce sera justice — sous le
talon de la foule qui passe, fatiguée par
le travail et meurtrie par la lutte.

JULES VALLÈS.

Les Émeutes

(Au Champ de Mars.)
(à Louis-le-Grand.)

Il faut être indulgent pour la brutalité
des foules. Quand les êtres humains sont
serrés par centaines, autour de n'importe
quoi, qui a l'air d'un clocher du régiment, chaque cervelle et chaque cœur,
abdique aux mains d'une force invisible
et aveugle qui conduit le troupeau commun on ne sait où : à la sottise ou à la
cruauté, à la brimade ou au pillage,
voire même à l'assassinat.

Nul n'est coupable pour son compte
dans ces grotesques ou sanglants tohu-
bohus.

Parfois, sur les champs de foire, les
bœufs sont pris de vertige et renversent
et piétinent le bouvier qu'ils connaissent
et qu'ils aiment. Il suffit qu'un seul d'a-
bord, puis qu'un autre aient donné un
coup de corne et crevé une poitrine, pour
que tous soient pris de démence bon-
dissent et fuient comme des fauves échappés d'une ménagerie, un soir où l'on
n'aurait pas jeté de viande dans la cage.

16 Mars 1883.

Bêtes de fatigue et de devoir, aux
grands yeux doux tout pleins de l'azur
du ciel et de la paix de l'horizon, hier,
ils marchaient dociles dans la terre grasse
et l'herbe haute. Mais sur le pavé dur
de la place, dans la petite ville ou le
grand village, leur pied saigne, s'en-
flamme, et leur tête d'esclave aussi, — et
les voilà couverts du sang qui jigle de
partout, des poitrines crevées et des ven-
tres ouverts, les creuse-sillons d'hier, les
grands rêveurs de ce matin !

Ainsi, dans Paris, à travers les amas
de gens passe tout d'un coup un courant
de fureur. Et ce n'est pas du juge mais
du philosophe, point du punisseur mais
du guérisseur, point du directeur de
prison mais du médecin d'hôpital que
relève celui qu'a emporté ce courant-là.
Il ne doit qu'au hasard d'être le coupable et non pas la victime !

Il faut tenir compte de ces épidémies
soudaines, quand on se trouve en face de
ceux qui sont accusés de vol ou de viol,
le soir des manifestations bruyantes, —
de vol d'un pain ou de viol d'une loi — et
ne pas s'indigner, non plus, si d'autres
masses montrent leur lèpre en même
temps.

La plus fraîche des blessures a sa
pourpre salie par le pus des plaies mal
fermées ou la gangrène des plaies des autres ! Les basses passions aussi grimpent
sur le dos des affolements dus à des douleurs honnêtes et à des convictions qui
méritent le salut. Il s'agit de voir clair

là-dedans.

Tumultes de meeting et de club, révoltes de lycée, cette semaine. Ces manifestations, la grave et la comique, se joignent pour la défense de ma thèse.

Je pense bien que, le premier frisson de rancune passé, on reconnaîtra que la misère est le terrible capitaine de ces bataillons des émeutiers, misère de travailleurs sans ouvrage que vient traîtreusement salir la misère sans courage et sans honneur; misère qui, à un moment, met la main sur des miches, mais qu'il ne faut pas insulter et sabrer. Seulement, s'ils n'ont rien dans le ventre, cela ne veut pas dire qu'ils n'aient rien dans le cœur !

Il y a à fouiller là-dedans avec le bistouri plutôt qu'avec l'épée !

Pour ne pas pleurer devant ceux qui ont faim, rions des lycéens à qui l'on prêche la sagesse toute la semaine dans les classes, qui, le dimanche, ont le spectacle de l'ordre dans leur famille, qui voient leur mère compter le linge et compter le sucre, leur père économiser sou à sou, ou billet de mille par billet de mille, de quoi acheter le trousseau de la fille — et qui s'en vont casser les meubles, briser les vases, éventrer les matelas, jeter au vent les entrailles des oreillers, qui font pour cinquante mille francs de dégâts.

Allez-vous marcher sur eux, le code à la main ? Non. On huerait ou l'on sif-

nerait les juges qui voudraient châtier
en détail cette révolte en bloc, — parce
que pas un de ces garçons, pris isolé-
ment, n'a l'âme d'un pillard.

Nés d'une famille de fourmis, fils d'une
race qui amasse et ne disperse pas, qui
construit des patrimoines et ne démantibule pas des mobiliers, qui garde les
soupières pour y manger la soupe, — ou
y déposer des votes par les temps d'empire, — qui, en un mot, a le respect de
la propriété figé dans le sang !

Pourtant ils ont tout saccagé et quelques-uns ont agi en commandants de
bandes armées. Le sang a coulé, la police
a reçu des atouts; elle en a rendu. Il y a
eu séquestration, pillage, bataille. Il y
aurait pu y avoir des morts !

C'est donc qu'il faut proclamer comme
une loi nouvelle, l'irresponsabilité de
l'individu dans le brouhaha des foules!
Le blanc-bec devient criminel tout comme
la vieille barbe de 1848. Il arrive à perdre le fil de la tradition ; il ment à son
origine et à son passé, s'il n'a pas une
conviction chevillée dans le corps. S'il
en a une, elle se grossira et s'affolera de
la conviction des autres, et ce sera une
griserie, peut-être une soulaison, suivant les invites à l'ivresse.

Si des enfants de réguliers, des man-
geurs de fayots, des buveurs d'abon-
dance, font ce qu'on a fait à Louis-le-
Grand, comment ne voulez-vous pas que
les pauvres qui ont la pluie à boire et
la neige à manger, ne se laissent pas aller

à demander ou a prendre du pain, pri
de ce vertige des gens serrés.

Ils se trouvent soudain saisis par une
même pensée.

Si irrégulière qu'elle soit et toute cri-
minelle qu'elle paraisse, ils se disent en
eux-mêmes que cette unanimité les ab-
sout et légitime des actes, dont ils rougi-
raient s'ils les avaient décidés et allaient
les accomplir tout seuls. Ils sont pour
leur centième ou millième d'âme les ma-
gistrats d'un tribunal rassemblé par le
hasard d'un anniversaire ou d'un événement, et qui se met en marche comme les
tribunaux ambulants de Londres, et qui
décide des bris de boutique comme un
président d'assises de France des bris de
scellés !

Au moment de prononcer la condamnation de qui a donné un coup de
poing, même un coup de bâton, voire
un coup de couteau, dans le tumulte
d'un club couvert ou en plein vent,
qu'on songe à la révolte, au pillage et à
la lutte de Louis-le-Grand !

Cela dit, demandons-nous ce que vont
devenir tous ces expulsés de collège, et ce
que l'Université décidera.

Elle est dans la logique en exigeant la
tranquillité dans ses lycées. Il faut que
l'ordre règne dans les Varsovies de l'in-
ternat. Quand on a affaire à un demi-
millier d'écoliers, la discipline est nécessaire pour les tenir en laisse. C'est la loi
des camps, et il n'y a à accuser proviseurs
et surveillants que s'ils ont été colonels

ou adjudants maladroits et cruels vis-à-
vis des jeunes bataillons ! Tel est peut-
être le cas, cette fois. Mais le véritable
et le seul coupable, c'est le système
qui fait du collège à la fois, une caserne
et un couvent.

Il faut une consigne dans une caserne,
une règle dans un couvent. D'un autre
côté, les écoliers ont soif d'air et peuvent
se lasser de n'être pas libres, s'irriter
l'être mis à genoux comme des élèves de
nomies, ou à la salle de police comme des
conscrits.

Et tant que les écoliers seront des prisonniers, il y aura des révoltes comme
dans les prisons !

Que le proviseur refuse de reprendre
les révoltés, c'est son droit. Il a peur
d'une rancune, il craint que la peste ne
gagne ceux qui viendront, sans que le
repentir ait atteint ceux qui rentrent.
Mais où est le droit du ministre à fermer
la porte des autres lycées à ceux dont on
ne veut plus le lycée Louis-le-Grand ?
Ce serait pire que les excommunica-
tions de l'Eglise. On lui emprunterait,
pour des moutards, la doctrine du châtiment éternel — avec cette aggravation
que les excommuniés auront à faire la
peine de leur vivant, et qu'ils doivent gagner leur vie, tandis que les damnés.
tout en cuisant, ont leur pain cuit dans
l'enfer chrétien !
Outre l'excuse de l'irresponsabilité, il
faut plaider pour ces jeunes gens la

question de travail et d'honneur. Que deviendront-i's, ces malheureux qui ne savent que ce qu'il faut pour passer des examens, qu'ils n'auront plus le droit d'aborder ! On leur a appris seulement ce qui est dans les rites de la Sorbonne, ils ignorent tout de la vie courante. N'ayant pas de grades pour entrer dans le cadre du grand Mandarinat scientifique ou littéraire, ils suivront chacun des chemins divers, mais le long desquels sera piétinée la tradition et écrasé ce qui reste encore de prestige autour de l'Université. Les uns mourront la maudissant tout bas dans les coins noirs où ils seront restés des années en face de l'impuissant chômage. Mais d'autres la maudiront tout haut, et deviendront non pas seulement les ennemis de la Sorbonne, mais les adversaires hardis et déclarés de la société mal faite qui les laissa mettre hors la loi pour un tapage d'écoliers !

Jules Vallès.

Le Printemps de Paris.

Quelle ville !

Le drapeau noir vient de passer bat-
tant des ailes ; on a cru que le sol
était miné, que la révolte était prête et
l'on a rempli de cartouches toutes les
gibernes d'une armée. On s'attendait à
les flots de sang.

Il n'y a eu que quelques verres de vin
pour tacher de rouge la page de sable du
Champ de Mars, quelques jours après
que cinq mille souliers de pauvres
avaient fait des pâtés noirs sur la page
de neige, puis s'étaient mis à piaffer sur
le carreau d'une ou deux boulangeries,
comme les sabots d'un cheval enragé par
la faim.

Il n'y paraît plus !

Le soleil est venu, et Paris sourit la
face tournée vers le printemps.

23 Mars 1883

Ce n'est pas que les désespoirs soient éteints, que le mal de misère soit mort! Les prisons savent dire où sont les misérables et les désespérés. Dans les logis d'où l'on a arraché l'homme sous prétexte de conspiration, on entend sangloter la mère et les petits.

Ce n'est pas non plus que ceux qui ont pitié des douleurs des humbles aient désarmé, et qu'ils ne veuillent plus tâcher de voir dans le fond du volcan, parce qu'il y a des fleurs à cueillir sur sa gueule, par ces beaux jours de renouveau !

Tout le monde reste avec ses chagrins ou ses soucis, ses colères ou ses espoirs sourds; mais c'est le caractère du Parisien, gai comme les moutards d'Athènes, de cacher ses blessures comme les gamins de Sparte. À qui a honte ou peur devant lui et peut craindre ses malédictions ou ses coups, il fait la politesse de paraître oublieux ou dédaigneux, guéri ou résigné.

Voilà en quoi il est curieux ce Paris, ce qui le distingue de toutes les autres cités sur la terre, ce qui lui donne une place à part sous le ciel. Il n'a pas la rancune noire, il pommade de rose ses cicatrices et tortillera volontiers un bouquet d'un sou dans ses mains tordues hier par des menottes ou même éraflées par le sabre.

Si quelquefois il broie la pitié et le droit des gens sur son pavé, c'est que la guerre chauffe autour du berceau d'une idée !

Alors il perd sa nature de bon enfant
et sacrifie sa renommée de généreux au
but qu'il poursuit à travers l'obscurité
d'une philosophie, qui n'ayant encore
pas son flambeau crève au besoin les té-
nèbres à coups de torche, et tire, comme
les savants le recommandent, à coups
de fusil dans les nuées pour déchirer la
tempête à l'horizon.

Mais, lorsqu'il n'y a eu qu'escarmou-
che, à peine les envahisseurs de boulangerie ont-ils eu le temps de digérer la
miche arrachée au comptoir, et d'y mordre à pleines dents, les affamés? À peine
les prisonniers ont-ils goûté à la boule
de son du Dépôt, que la ville reprend sa
face accoutumée. — non! — encore une
fois — qu'elle n'oublie rien, qu'elle se
bouche les oreilles pour ne pas entendre les plaintes, et les yeux pour ne pas
regarder du côté de Mazas.

Cependant, Paris s'arrange pour reprendre, le plus tôt qu'il peut, son masque insouciant et frivole, et ceux mêmes
du Mont-Aventin descendent pour aller
grimper sur les chevaux de bois et tirer
à un sou le coup sur le kroumir, en attendant mieux, dans les tirs de la foire
aux jambons; ou pour se régaler en Grin-
goires, de la vue et du parfum seuls du
cochon fumé, n'étant point assez riches,
ces maigres, pour trancher dans le gras,
et échanger contre des rondelles de sau-
cisson de luxe leurs pauvres rondelles.

Oui, la foire aux jambons faisait merreine, hier.

Il ne faut pas en vouloir — tant s'en faut — à ceux qui battent la grosse caisse et soufflent dans les vieux trombones sur les tréteaux, avec des mines de paillasse et des culottes d'arlequin, quand l'air tressaille encore des fanfares et des batteries qui précédaient les bataillons mis en branle pour montrer de la force sur les boulevards et par les faubourgs ; cela n'insulte pas ceux qui souffrent, mais les console — cela ne distrait pas les mères, mais amuse la maisonnée, qui, accrochée au pan du tablier, oublie devant la baraque ou la boutique qu'on n'a mangé que du pain sec aujourd'hui, et même qu'on en a redemandé sans en avoir !

La parade commence, et voilà le fils de faubourien heureux comme un fils de riche devant ces paillettements d'or et au spectacle de ces farces joyeuses. Paris est gai pour tous, par ces jours de soleil et de foire.

La rue est illuminée le soir comme au théâtre et sent bon tout le temps comme un jardin, — pour peu que l'on s'écarte des lampions et de la friture.

Cet air de Paris est si pur dans les endroits où la misère n'est pas parquée comme dans une cité de lépreux !

Cette brise de mars vous envoie dans le cœur, avec la tiédeur qui le réchauffe, la fraîcheur qui le lave.

Il faut avoir vécu loin de la France,

... us les autres climats d'Europe, pour savoir ce qu'elle vaut, cette brise, et comment, dans cette atmosphère, flotte le génie même de la cité — délié et souple, ce génie-là; élastique et léger, l'air qui baigne nos têtes, ô mes frères Parisiens !

Dans les paysages gras de Hollande, dans la campagne verte de l'Angleterre, les poumons ne jouent pas à l'aise comme sur les hauteurs de Montmartre ou au marché aux fleurs de la Madeleine.

Cette Hollande serait enrhumée toujours si elle ne se gargarisait, au fond des tabagies, de curaçaos et de ratafia.

En Angleterre, le vent emporte éternellement sur les coteaux, vers les prairies, quelques guenilles de fumée arrachées à la gueule des cheminées noires dans les villes d'usines, et l'on croit sentir une odeur de chaudière jusque dans la chevelure des arbres. On a envie d'éternuer dans les pays où Potter a peint les vaches. Sensation d'étuve dans les pays où rôda Constable. On a dans ce coin d'Espagne ou d'Italie, l'ivresse du chant.

L'air de Paris, lui, grise et ne soûle pas.

Cela s'aspire, comme se siffle un verre de vin qui vous pique la langue et vous chatouille la cervelle, avec des douceurs de languette de soie.

On peut en boire, si pauvre qu'on soit, le faubourien n'a qu'à se tourner du côté de la banlieue; le locataire des quartiers où l'on étouffe, qu'à marcher vers un square, ou à descendre le boulevard du côté du Bois.

Cela coûte cher à tous — car l'impôt est pesant, mais avec de semblables charges et même sous un fardeau bien plus lourd, ceux des autres pays n'ont jamais cette joie de revivre au souffle doux d'un printemps qui donne pour rien aux plus pauvres l'or pâle de son soleil et le parfum de toutes ses fleurs !

A tous les coins de rue, les éventaires jettent gratis leur senteur et leur éclat. Aux devantures des grands magasins, les bouquets de mille francs appartiennent aux yeux et même aux narines de ceux qui n'ont pas deux sous.

Dans les jardins publics, si tristes par les temps d'hiver, on se presse autour des musiques qui arrivent jouer les morceaux de Strauss ou de Metra, serrées par une guirlande de curieux et d'amoureuses, de vendeuses de plaisir ou de friandes d'amour : regardées par les promeneurs à mine lasse, aux habits fatigués, ouvriers ou déclassés, dont ces airs endorment peut-être la douleur avec leur refrain qui empêche qu'on n'entende les boyaux grogner. Un pas redoublé, un morceau de bravoure, un refrain enlevé, leur remettent du nerf aux jambes, à ces éreintés, et ils peuvent repartir à la recherche de l'ouvrage ou à la chasse de l'emploi ! Sonnez, battez, trompette et grosse caisse, cela vaut mieux que la mélopée lugubre des sommations, soulignée par un roulement de tambour.

Devant les bazars de nouveautés, d'autres richesses s'étalent, dont la vue ne coûte rien.

Celles qui vivent d'économies et de privations, qui rognent sur tout pour arriver à tenir le ménage propre et honnête, qui pâtissent, mais finissent par nouer les deux bouts, parce qu'elles se serrent la corde sur le ventre, comme une ceinture de lutteur : celles-là qui ont de ces désirs souvent voilés mais toujours tapis dans le cœur des femmes ; coquettes que la pauvreté et la vertu condamnent au platonisme du rêve, trouvent, par ces jolies heures de printemps, l'occasion de toucher au fruit défendu, d'y toucher des yeux, des mains ! — dans les écroulements de déballage du Louvre, du Bon-Marché ou du Printemps !

Les gens qui tiennent ces bazars, pomperont l'argent de Paris, mais ils régaleront ses prunelles et laisseront pétrir leur marchandises par les doigts même des pauvres, parce que cela amène la foule devant la baraque et vaut une bande de musiciens et de cent clowns s'époumonnant et se disloquant autour d'un cirque ; parce que cela aussi tente les plus sages, et que, du bas de laine des vieilles provinciales, et du porte-monnaie fané des ouvrières, comme des bourses des millionnaires, l'argent sortira par petites et grosses gouttes pour glisser jusqu'à l'écuelle du caissier !

JULES VALLÈS.

Self-Défence.
(Les Juges de Quartier)
(L'Affaire Monasterio)

Quelques commerçants que la police n'a pas su défendre contre les voleurs de nuit et qui ont été dévalisés à tour de rôle sans que les agents y aient vu plus loin que le bout de leur nez, ont fait à la *France* l'honneur de la choisir comme confidente et porte-voix, déclarant que si la préfecture de police ne fait pas son métier, ils feraient eux-mêmes la besogne, monteraient la garde devant leur maison et dans leur rue , — puisque la bande en képi et en caban, casse-tête en poche et épée au flanc, payée par les contribuables pour les protéger, n'y réussissait point et semblait au contraire s'écarter par calcul des coins où l'on scie les volets et où l'on pille les devantures, où demain on tuera, comme on tuait le long du canal Saint-Martin, au temps jadis.

Le commissaire dormait sur les deux oreilles. Il était peut-être en train de déchiffrer les listes de candidats et de suffrages prises, pendant quelques jours, pour le grimoire de l'insurrection, pour le carnet de l'anarchie.

30 Mars 1883.

C'est à la *France* que les indignés sont allés tout droit, parce que dans les veines du journal coule depuis sa naissance l'idée de liberté, pour laquelle, au besoin, on tiendrait contre la loi même.

Cette démarche spontanée, cette tradition fière, m'autorisent à ne pas traiter, comme une fantaisie d'isolés courageux mais comme un précédent de vie publique, cette proposition carrée de se substituer à l'autorité, si l'autorité est manchote, aveugle et sourde, comme elle l'a été trois nuits de suite dans le quartier où les voleurs ont pu revenir à la charge, sans qu'une sentinelle de la Préfecture ait rien surveillé et rien aperçu !

Je ne vois pas le mal qu'il y aurait à se protéger soi-même dans son bivac, le général en chef qui s'appelle le pouvoir ayant jusqu'ici, sous la République comme sous l'Empire, laissé détrousser et assassiner les gens sans qu'on puisse rattraper les détrousseurs ou retrouver les assassins. Ils s'en donnent, à cœur joie, depuis quelque temps, les manieurs de rossignols et les aiguiseurs de surins !

Le vrai remède à cette maladie du crime a été indiqué par les correspondants de la *France*, qui ne sont pas des réformateurs suspects, des irréguliers avides de mordre le pouvoir aux jambes et qui, pourtant, ont arraché à la préfecture son masque et ont montré que cette protectrice ne protégeait rien.

Ils appartiennent au monde des classés

et des heureux; ils sont du parti des conservateurs. Jamais soufflet ne fut donné par une main mieux gantée d'intentions tranquilles et d'idées sages. C'est pourtant une révolution que cette gifle jette dans l'air! La théorie du *self defence* se dresse debout. Cette théorie-là est la sœur et même la mère de celle du *self government*. Alors c'est le pays libre, la patrie débarrassée de la cuirasse qui l'écrase et du corset qui lui casse les côtes et même le cœur.

Tout le monde est constable comme tout le monde est soldat. Le policier n'est plus le chien de garde fainéant quand il le peut, féroce par moments pour se faire craindre, qui fait du zèle quand le chef vient, qui s'échappe quand le chourineur paraît.

L'espionnage et le ligotage meurent, et la cité vit plus tranquille et plus libre, sous l'œil de tous, chacun venant à son heure, comme dans l'armée, monter sa garde!

Merci à ceux qui se plaçant sur le terrain des faits précis, mettent en échec la tradition centralisatrice, sans encourir le reproche de *désordophilie* qu'on jette à la face de ceux qui concluaient, au nom seul de la théorie, et qui n'avaient pas eu besoin d'avoir eu leur boutique défoncée pour semer l'idée d'une police spontanée et libre — laquelle aurait les yeux clairs, sans avoir les sourcils d'un ogre; mettront la main sur le mal sans torturer le malade. qu'on nomme un vo-

leur ou un assassin ; passant les arrestations au crible devant son tribunal,
sans passer les accusés *au tabac* dans le
fond des postes ou entre les murs des
cellules.

Elargissant le cercle dans lequel se
tiennent les correspondants de la *France*, pourquoi n'y pas faire entrer des
comités de protection pour la liberté et
l'honneur ?

Cette semaine est féconde en désastres,
comme certaines semaines de la mer sont
fertiles en naufrages.

A côté des propriétés pillées, grâce à
la négligence des chiens de garde, il y a
les têtes qu'on a fêlées avec le marteau
de commissaire-priseur des aliénistes, les
cœurs qu'on a fait craquer sous les cor-
des de la camisole de force.

Il y a les bourreaux en cravate blanche, comme les bourreaux en veste de
geôlier grise. A côté de la préfecture de
police, il y a la préfecture de la science
qui laisse, elle aussi, voler, torturer et
enfermer les gens. Elle est souveraine
dans son domaine ; on doit s'en rappor-
ter à elle, comme les négociants doivent
croire aux commissaires, ou les catholi-
ques au pape.

Or, personne ici-bas n'est infaillible.
C'est connu, depuis qu'on rit au nez des
conciles. Et les plus savants et les plus
honnêtes peuvent se tromper. Quand l'er-
reur doit entraîner un de ces malheurs
irréparable comme l'assassinat d'une li-

berté ou la mort d'une pensée humaine,
il faut prendre des précautions contre la
vertu et le génie mêmes ! Supériorités
qui peuvent avoir leurs faiblesses et qui
ne sont quelquefois que le *summum*
d'une manie !

Mais si, dans chaque coin de Paris, qui
a une urne aux jours d'élection, il y avait
quelque chose comme un jury perma-
nent et libre, recruté parmi les habitants
qui, à tour de rôle, donneraient une soirée ou une heure, les malheurs qui trou-
bleraient la paix des rues où ils vivent
et feraient une tache à l'honneur ou une
blessure à la vie du quartier, seraient
bien souvent écartés, et la gendarmerie
et la sûreté auraient moins de besogne à
faire. Combien d'injustices on noierait !
Combien on tuerait de supplices !

C'est le hasard, le hasard seul, qui a
fait que Mlle de Monasterio n'est pas aujourd'hui scellée pour toujours dans l'*in
pace* de la maison de la rue Picpus !
C'est le cri d'une femme, la voix de
quelques voisins qui ont attiré l'attention
sur la voiture où était l'encamisolée ! On
s'est ému devant cette protestation du
seuil des portes ! Paris a le cœur bon, et
quand il croit à une infamie, il appelle
au secours des victimes.

Y a-t-il eu infamie ? Je ne porterai
pas de jugement. Il ne faut pas faire la
besogne de l'accusateur. D'ailleurs les
faits sont troubles. Mais personne peut-
être ne serait sur les bancs, et il n'y aurait

pas eu de viol de domicile et de liberté et les docteurs n'auraient pas le soupçon pendu sur leurs têtes, si ce tribunal dont je parle, sans robe noire ou robe rouge, avait existé du côté de la rue Constance, près du commissariat, lui faisant face et aussi lui faisant échec! On n'aurait pas osé tenter l'enlèvement ou l'on en aurait défendu la légalité devant des gens dont ce n'est pas le métier de condamner comme les juges, ou de voir des fous partout comme les aliénistes. Un quartier rendant sa justice comme il fait sa police! — Décentralisation! — Liberté!

Tant qu'il n'y aura pas ces initiatives de district on sera à la merci des lois, qui cachent des crimes dans leurs mailles.

Les avocats dans l'affaire Monasterio auront beau jeu : Tous les accusés n'ont fait qu'user du droit que leur accorde le code Napoléon. Pourquoi les présumer coupables? qui vous dit qu'ils n'ont pas cru la femme folle? Et les certificats de Charenton! Et la religion de métier, et l'esprit de corporation, et l'infiltration d'une manie dans leur tête, comme dans celle de la séquestrée!...

Mais les jurys dont je parle pourraient connaître de ces cas douloureux, les jurés ayant approché le sujet que réclamerait au nom de la doctrine et du haut de la loi ancienne, la vivisection scientifique ou judiciaire.

La conclusion est toujours la même; qu'elle soit écrite avec l'encre des pensœurs, les larmes des affolés ou le sang des assassinés !

Seule la liberté des citoyens crée la grandeur de la patrie. En tous cas, il faudrait faire passer la justice avant la gloire.

Que Paris relise la lettre des commerçants, qu'il suive bien le procès de la prétendue folle et qu'il crée ses *Conseils de famille* dont la fédération sera l'expression juste et la force vraie de la Ville !

JULES VALLÈS.

140

LE LUXEMBOURG

Tout comme la place publique, les jardins ont leurs révolutions, et l'on entend, à certaines heures, tomber sur la cime des arbres des coups de hache qui font l'effet de la guillotine sur le cou d'un roi.

Des murmures d'indignation, une explosion de mélancolie accueillirent, il y a un quart de siècle, l'assassinat de la Pépinière, dans le fond ombreux du Luxembourg. Un crêpe noir fut jeté sur ce qui survécut de verdure, et, je parierais que le sabre de l'empire fut ébréché par l'outil de l'assassin. Tel qui venait là, entre ces buissons verts, dans cette paix et ce silence, se promener en poëte et en songeur pendant les saisons douces, devint un ennemi, quand on l'eut chassé de ce coin tranquille, et se jeta, désorienté et mécontent, dans l'agitation de la rue.

Les pauvres, pas plus que les rêveurs, ne surent plus où cacher leurs misères; le soleil faisait maintenant reluire les taches des habits, et faisait fermenter le chagrin sous les crânes, dans ce grand espace sans abri et sans ombre!

6 avril 1883.

En même temps que la Pépinière mourait, commençait cette agonie de la petite bourgeoisie, dont je parle toujours, parce qu'elle est l'événement significatif de la fin de ce siècle.

La génération nouvelle était plus pauvre et plus triste : le Luxembourg s'en ressentait. Il faut dire à ceux qui y passèrent, il y a vingt ou trente ans, de belles heures, que depuis longtemps, bien longtemps, on ne rêve pas et l'on ne rit plus de la même façon, heureuse et gaie, autour de la statue de Velléda, transportée comme une insurgée sur un point du jardin, où elle appartient au passant banal, au soleil cuisant.

Le Luxembourg d'aujourd'hui suffit à ceux qui ont une chambre noire où l'on étouffe, et où la pensée s'attriste; ils n'ont qu'à dégringoler leur escalier moisi, pour venir boire de l'air pur — dussent-ils avaler de la poussière dans cette gorgée de fraîcheur, puisqu'il n'y a plus la chevelure de la Pépinière pour faire rideau contre le vent et se poudrer de tout le sable. Parmi ces étudiants qui piochent sous le toit d'un hôtel garni leur médecine ou leur droit, combien qui sont des fils de paysans! Ils ont des envies de voir du vert, de regarder pousser de l'herbe et des fleurs. Le Luxembourg leur offre une contrefaçon de parc et de jardin.

Les moutards viennent là, menés par les pions entre les deux classes. Pauvres gamins! Elevés encore comme au temps

barbares, enfermés comme des vieux dans
des salles étroites et tristes, ils ont besoin d'étirer leurs jambes et même leurs
petites cervelles, besoin de courir et de
parler, sans que le maître les retienne
ou les entende... A midi, passez par le
Luxembourg et vous verrez toute une
marmaille qui crie et joue aux barres. Où
iraient-ils, que feraient-ils s'ils n'y avait
pas cette heure de débandade entre les
arbres du Luxembourg !

Mais ils empestent l'encre et la sueur
de l'étude, ces arbres, contre lesquels on
met quelquefois des petits au piquet.

A vrai dire, ce Luxembourg est une
grande cour de collège. Il se ressent plus
le son voisinage des lycées que du voisinage de Bullier. Si avides que soient
les échappés de province de quelques
avalées d'air pur, ils sont plus avides encore du jargon de Paris, qui se parle dans
les cafés où les vieux étudiants pérorent,
dans les brasseries où les filles chantent
en servant des bocks, et c'est aux pensions et aux familles de professeurs que
le jardin appartient. S'il y avait des per-
roquets dans les arbres, ils parleraient
latin.

Les jours de musique n'apportent
même pas leur gaieté.

C'est ici surtout que dans la foule qui
fait cercle autour de l'orchestre en culotte rouge, on peut remarquer la misère
en redingote blanchâtre ou en cotte dé-
chirée, avec des bottines crevées ou des

souliers sans semelle, qui se tient debout,
non sans chanceler quelquefois, parce
qu'elle a sommeil ou qu'elle a faim. Elle
profite de ce que le public est terne de
nature et d'habits pour s'y mêler. Elle
peut rester là, sans bouger, pour délas-
ser ses pieds ou laisser entrer un peu de
gaieté dans ses oreilles ou dans ses yeux.
Les universitaires, leurs moitiés, leurs
fils, ont, tous, mâles ou femelles, le
masque triste et les visages des affamés
ne jurent pas trop avec ces faces de ré-
signés et d'inutiles !

Voilà donc que le Luxembourg est le
plus triste des grands jardins de Paris, —
grâce à la population qui le fréquente ou
le traverse, — les hommes étant solen-
nels et sévères de par le *Conciones* et le *de-
corum*, les femmes ne pouvant être coquettes parce qu'elles n'en ont pas les
moyens ou n'en ont pas le droit. Si elles
se mettaient trop bien, cela nuirait —
qui sait ? — à l'avancement du mari. Un
jersey trop collant, un chapeau trop
fleuri feraient retourner la tête au proviseur du collège ou au professeur de la
Faculté, à l'inspecteur ou au recteur, à
celui-ci, à celui-là, qui tient l'avenir des
gens ou l'école dans sa main. Elles ne
sont pas autorisées non plus à rire en
montrant leurs trente-deux dents. On
est trop près de la Sorbonne ; les vieilles
barbes qui balayent la poussière des
chaires ne veulent pas des gaietés jeunes
qui feraient tapage autour d'un arbre

près de la fontaine de Médicis ou devant la robe de Clémence Isaure !

Devant cette fontaine et devant cette Muse de marbre, on voit parfois se promener, mélancolique et seule, une femme qui lit un livre ou même froisse les pages d'un manuscrit. C'est une institutrice qui revient de l'agence et attend un emploi, ou une femme qui *écrit* et rêve à gloire. Elles demeurent du côté du quartier Latin, ces pauvres filles chargées d'une éducation qui ne suffit pas à les faire vivre, mais qui souvent les fait mourir d'une mort affreuse et dont le récit arrache des larmes. C'était une des promeneuses ordinaires du Luxembourg, cette bachelière qui se tua l'an passé, n'ayant pas trente francs pour payer sa chambre, comme elle n'avait pas deux sous pour payer sa chaise ! Plus malheureuses, ces sorbonniotes, que les déguenillés qu'on voit appuyés contre le mur des bâtiments où se font les expositions et les distributions, gens dont les puces ou les poux doivent traverser les fentes des murs et sauter sur les fleurs. Ceux-là n'ont pas à cacher leur détresse, ils la collent là comme une affiche qui fait honte à ceux qui, dans ce tas de cuistres, enseignent la philosophie ou traduisent le *De Divitiis* de Sénèque !

Cet aspect terne des uns, cette allure lamentable des autres, troublent la clarté du soleil qui tombe sur les corbeilles de fleurs et pique des papillons d'or dans les cheveux des arbres ; la nature prend le ton et le pli que les hommes lui donnent, si forte qu'elle paraisse et quoiqu'elle semble nous tenir captifs dans ses bras. Elle est le reflet aussi bien que l'esclave de ceux qui luttent, sous le ciel ! Voilà pourquoi le Luxembourg est triste dans son cercle de lycées et d'écoles. Avec cela, le Sénat y a son infirmerie !

Sénat, Sorbonne, grands lycées, petites écoles ! Si une brise nouvelle renversait ou rafraîchissait ces maisons d'invalides ou de prisonniers, le Luxembourg redeviendrait joyeux et l'on aurait de nouveau des Pépinières où rêver !

Je pense à l'épanouissement de nature que donnerait l'épanouissement de liberté. Si au lieu d'étudier sur le livre muet, sur le papier mort, on étudiait sur la terre vivante ! Si ces maîtres et les écoliers étaient chargés de planter, de semer, d'ébrancher et d'arroser, de faire naître et de faire grandir fleurs ou arbres dans le Luxembourg devenu un Jardin-école, sentez-vous d'ici la floraison, — et comme la moisson serait belle — floraison de jeunesse, moisson d'idées !

Les écoliers s'instruiraient en jouant. — A bas l'école-caserne ! Les étudiants, fils de paysans, retrouveraient là la vie de leurs villages et viendraient y renifler le souvenir ! Il n'y aurait plus de bachelières desséchées par l'étude et poussées au suicide ; plus tant de mendiants, non plus, car tout se tient.

Un système d'éducation et de travail nouveau pourrait faire reculer la faim comme le vice — faire reculer aussi la mort ! On ne tuerait plus comme on tua, de ce côté, où il y a encore du sang sur des pierres; du sang de la grande guerre civile ! Pour drapeau, on aurait la branche d'un grand arbre, sous lequel on rendrait la justice au nom de la science et sans qu'on eût besoin d'installer les canons dans les massifs de roses !

Jules Vallès.

148

Les Tuileries

Si le Luxembourg paraît triste à celui qui voit la cuistrerie y poursuivre jusque sous les arbres les enfants échappés pour une heure aux petit bagnes du collège ou de l'école, le jardin des Tuileries paraît bête à celui qui parcourt ses allées désertes et son immensité sans verdure.

Tout au plus aperçoit-on un peu de gazon et trouve-t-on un peu d'ombre dans l'ancien jardin réservé, où l'empereur avait seul le droit de flâner et où les filles viennent maintenant rôder le soir à la recherche des libertins pauvres ! C'est la promenade des courtisanes à vingt sous la caresse après celle des courtisanes à vingt mille écus.

Dans les maisons royales, les plantes et les fleurs engraissent ; ce n'est pas la fumée des havanes mâchonnés, après dîner, par l'empereur et ses valets qui pouvait les empêcher d'avoir la mine fraîche, mais depuis la cigarette de Sedan, le peuple passe à travers ce coin, soulevant des flots de poussière avec ses gros souliers et ses grosses voitures.

13 avril 1883.

Là haut d'ailleurs sur un pan de mur qui va crouler, le démolisseur apparaît comme une statue, aussi visible dans le ciel, ce rustre en blouse, que l'était le petit Caporal sur la colonne dans sa redingote grise, rustre qui, tout d'un coup, lève les bras et brandit la pioche en ayant l'air dans son geste de crever le ciel, — et sous son geste, le plâtre s'envole, il va se mêler à la poudre de la voie publique, pour jeter sur le jardin un voile de cendre, faisant pendant au voile de suie que l'incendie avait laissé sur les murs.

Il n'y a plus là un homme qui protège les fleurs pour protéger sa vie : qui, visé par des colères de conspirateurs, a besoin de se tenir caché, comme un tyran de Syracuse, derrière un rideau de feuillage et un paravent de fleurs vivantes; il fallait échapper au tir du régicide et n'être pas vu d'Orsini.

Ce n'est pas encore un public bien brillant qui fréquente aujourd'hui le jardin affranchi et banal. Il aurait besoin, comme le gazon, d'être lavé par le crocodile dont l'arroseur dirige la gueule et traîne le ventre. On retrouve là des gens entrevus en correctionnelle, où ils étaient appelés pour des délits tristes ou honteux; et qui font tache de boue humaine dans cette poussière de démolition; ils ont peut être leur nom écrit à la colonne des tribunaux dans le petit journal que lisent les braves gens assis à leurs côtés.

En face de ce jardin réservé, était jadis le *Spartacus* de Foyatier, l'arme au poing. Les journalistes rouges disaient que le hasard avait planté la victime devant le bourreau, le révolté devant le maître, et la statue regardait d'un air menaçant les Tuileries. Un journaliste blanc vint un jour, qui déclara que des révoltés de cette pâte, que des victimes de cet acabit n'étaient plus que la petite monnaie de la rébellion, et il fit insulter l'insurgé classique par l'insurgé sans **nom, l'homme de la légende par l'homme des foules**, Vindex, qui repassait sa faux, le front ridé, l'œil tendu.

Le journaliste donnait sa mesure. Il perçait le mystère des guerres sociales. Il prévoyait qu'il faudrait assassiner par milliers les Vindex du monde nouveau, et qu'on ferait du fumier avec la chair des faubourgs dans les caveaux qui longeaient les Tuileries et auxquels Spartacus tournait son dos rond et gras ! Car ici, comme au Luxembourg, les fleurs empestèrent la poudre et le sang aux heures tragiques, et le grand jardin fut, sur ses flancs, bordé de blessés et pavé de morts ! Ce prévoyeur vient de mourir; sa tombe est encore fraîche. Il s'appelait Louis Veuillot, et avait été un Vindex à sa façon, le Vindex de l'Eglise contre les Spartacus de la bourgeoisie, faisant, lui aussi, une arme de son premier outil de travail, ayant aiguisé le fer de sa plume contre le foret du garçon de cabaret et le marteau du tonnelier !

Si ce Spartacus mérite le soufflet que lui donna Veuillot, à quelle gémonie faut-il traîner les autres statues des Tuileries, immobiles et galeuses dans le voisinage du marronnier qui tous les ans fleurit le premier, qui, à chaque printemps, arbore en avant des autres la cocarde du renouveau et nous montre le jeu de la grande nature, éternellement vivante et périodiquement rajeunie. Elles ont le masque de la sérénité bête ou de la souffrance classique, elles étalent leur nudité, comme des dieux. Elle a été bousculée pourtant cette sérénité-là par la marche sanglante de l'histoire et les dieux sont morts ! — tués par un seul, il y aura dix-neuf siècles bientôt ; et le tour de mourir va venir de même pour celui-là.

C'est un couple de sphynxs à seins de femme, à griffes de monstre, qui est accroupi à l'entrée de ces Tuileries —vis-à-vis du cabinet où siège un préfet qu'on appelle Oustry.

Devant l'ancien palais des rois devenu le palais de la Ville, c'est la Fable qui reste en arrêt et ricane au nez de la science chargée de sabrer les mythologies et les mensonges !

Je ne demande pas qu'on aille porter ces pierres ou ces marbres à la rivière. S'il y a des amoureux de ces vieilles statues, qu'ils viennent rôder autour et s'épuisent à les acclamer. Mais toi, Gavroche, quand tu passeras par là, fais-leur un pied de nez à ces sphinx, à ces dieux, à ces héros de l'autre monde, et vas, en sifflant, du côté où tu apprends à gagner ton pain et où sont les usines qui fabriquent non pas des christs grecs ou hébreux, mais qui fabriquent du bien-être, de la santé, de la force et de la lumière. Passe en courant à travers ces Tuileries, qui ont besoin de changer d'aspect, comme les monuments d'enseignes, maintenant qu'il n'y a plus de souverains pour en soigner les coins fleuris; maintenant qu'il n'y a plus une classe de tranquilles et de satisfaits ayant l'envie et les moyens de venir digérer à midi et rêver à la brune sous les marronniers !

Ce qui est vrai pour le Luxembourg est vrai pour les Tuileries. Le désarroi jeté par le courant du commerce et de l'industrie nouvelle, ou par les hasards de la politique, dans le monde des fortunes et le tas des fonctions, ce désarroi se fait sentir dans ces parages de bourgeoisie à l'air cossu, comme sur les hauteurs du quartier Latin.

Ils ont à courir après un employeur nouveau, un donneur de places ou d'aumônes, et non après les promeneurs des Tuileries, tous les destitués et les dégommés qui couvrent le carreau des administrations et des préfectures depuis la révolution de septembre, et après toutes les révolutions du palais. Avec cela, la ruine, les faillites des banques comme des boutiques !

On ne peut plus donner autant à l'épouse pour la toilette, quand on a déjà tant à faire pour ne pas crouler et avoir l'air de tenir son rang. Et les femmes d'employés et de banquiers moyens ont délaissé les Tuileries, où elles allaient jadis, dans le temps où ceux qui avaient de l'argent et des places mouraient riches et se moquaient des pauvres et de la pauvreté.

Ce temps-là est passé, et la mode des flâneurs de jardin public aussi !

Jadis on voyait, au pied des marronniers, des grappes de femmes de trente ans, heureuses et belles qui donnaient pour rien leur bonheur à voir et leur beauté à dévisager aux pauvres jeunes, trop malheureux pour avoir des maîtresses en chemises fines et gourmands d'un peu de luxe qui ne se payait pas. Maintenant les mamans qu'on rencontre ne sont plus les coquettes et les insouciantes d'autrefois.

On arrive ici comme au Luxembourg, pour faire prendre l'air à la marmaille, mais non parce qu'on veut montrer sa robe, et se promener nonchalante et semer des envies d'amour sous ses pas.

Quant au peuple, il ne connaît les Tuileries que parce qu'il les traverse, le dimanche, en descendant vers Guignol ou en filant jusqu'au Bois. C'est trop loin de son terrain de manœuvres, du champ de labeur, et il n'y a pas, pour l'amuser, la vie qui grouille sur les boulevards extérieurs où l'on va traîner apres la journée dans le mouvement et le bruit.

La vie, voilà ce qui manque à tous ces jardins, même par ces soleils d'avril qui réveillent tout un monde et éveillent tout un murmure sous terre, quand la terre est piétinée et engraissée par les bêtes : les bêtes, dont les mugissements se mêlent au cri des enfants et des hommes !

Les jardins anglais sont pleins de moutons et de vaches qui paissent et ruminent en liberté. On les voit et on les entend, on peut les flatter de la main. C'est la campagne avec son monde, non ratissée, ni peignée, mais jetant ses odeurs vraies de pâturage et de fumier. Regent's-Park, Hyde-Park sont des fermes immenses, des champs qui s'ouvrent libres devant l'animal à quatre pattes ou à deux pieds ! On peut, à Londres, marcher, se rouler, s'endormir sur l'herbe des parcs, on peut enfoncer jusqu'à la cheville là-dedans et tuer des marguerites sous ses souliers.

A Paris, il y a une grille ou une affiche, des gardes, autour des carrés de gazon !

Pourquoi ces contraintes et ces mesquineries !

La République ne peut-elle pas rendre la vie qui manque, et donner la liberté qui est due à ce Luxembourg et ces Tuileries ouverts au peuple depuis le 24 Février?

Jacques Bonhomme a bien droit à ce

que possède John Bull !

JULES VALLÈS

LES CHAMPS-ÉLYSÉES

Sur cette place de la Concorde où l'on
tua Louis XVI, les députés vont aujour-
d'hui passer en petits groupes, parlant de
Ferry et de Thibaudin. Ils iront s'enfermer dans leur maison, le temps d'écouter des ministres biaiser et mentir. Après
la séance, les explications obscures et les
discours louches, ils auront besoin d'air
pur et envie de voir du beau soleil dans
un ciel clair.

Les Champs-Elysées sont là où ils
pourront se promener et deviser comme
dans les *Dialogues des Morts*.

Ce n'est plus ici comme au Luxembourg et aux Tuileries.

Les arbres ne sont pas prisonniers entre les murs ; quand tombe la fraîcheur
du soir, les gardiens ne crient pas : *On
ferme !* La voie est libre, ouverte au million et au sou, au riche et au pauvre,
au pur sang qui a gagné et au carcan
qui a eu l'oreille fendue, au cheval de
luxe et à la bête réformée, au cocher des
Montmorency ou au neveu de Collignon

20 Avril 1883.

La calèche à la Daumont et le coupe-cul familier se croisent dans le va-et-vient du jour. Egalité des véhicules qui n'existe pas à Hyde-Park ! On ne laisse s'engager sur la piste de Rotten-Low que la voiture d'un certain rang. Pauvre char numéroté traîné par des rosses qui ont peut-être été des coursiers, cab ou quatre places, vous ne pouvez passer sous l'arcade : *non digni intrare*.

Les Champs-Elysées ne sont pas aussi insolents que Hyde-Park. — Hue cocotte ! à 2 francs l'heure !

Ce qui manquait aux deux grands jardins classiques, dont les carrés de verdure ont le cadenas d'une ceinture de chasteté, la vie, le courant de la vie, bouillonne ici en flots brillants et joyeux, flots de riches et flots de pauvres.

Le peuple a un des siens installé de ce côté, familier et goguenard, pour la plus grande joie des moutards et des bonnes d'enfants, pour le plaisir aussi des sceptiques et des rieurs, même des combattants qui quittent la bataille pour aller s'adosser, un moment, contre un arbre, et suivre la comédie de Guignol, le commissaire rossé, le diable en verve, la tradition en capilotade.

La parole de ce gaillard-là a sa saveur bon enfant et son odeur à elle, comme la *pratique* avalée trois fois par le pauvre diable qui, derrière le rideau, imite la voix grimaçante de Polichinelle.

C'est là aussi que le café-concert montre ses Darciers et ses Thérésas, ses danseurs et ses clowns, ses boxeurs et ses nains, ses disloqués et ses bossus, espèce de fête foraine, chaque soir allumée!

Place au peuple et défiez-vous de ses Triboulets — et de ses Triboulettes! Gare à vous, oisifs, que le refrain d'une de ces chansons peut amener ici devant une artiste à dix francs la séance qui vous jettera un sort et vous croquera votre magot!

Quand vous y êtes, écoutez ce qui se dit de grave entre les farces, ce que gémit ou crie le baryton ou la basse-taille, parlant du travail et de la peine. Si les cavaliers qui passent prêtaient l'oreille, il sentiraient l'éperon de la peur leur chatouiller la peau comme l'étoile d'acier ensanglante le poil de leur bête.

L'idée de la misère du Paris qui a faim dans l'ombre vous attriste moins et même s'évanouit en face de ces tréteaux, où la foule, la reine nouvelle, a ses fous.

Le concert populaire reste maître de son terrain, tandis que là-bas, Mabille est mort. Son plus grand arbre était en zinc, et les autres n'avaient plus les pieds dans le bon terroir. Si on ne dansait plus sur un volcan, on dansait sur ses cendres. Les obus des deux sièges étaient tombés là-dedans et faisaient bosse sous les bottines des filles et les escarpins des gommeux. Le rire des femmes avait été couvert par la voix du cañon.

Au lieu d'un bal où la jeunesse dédo‑rée grimaçait la gaieté, c'est un pano‑rama qui maintenant appelle le public pour lui montrer la terre tachée de sang et le ciel plein de fumée du Paris de 1870, cerné par l'ennemi.

Ainsi dans ces Champs‑Elysées, si loin des faubourgs, et qui semblent un champ de fête, on retrouve pourtant l'esprit et l'âme de la ville, son âme de patriote et son esprit d'ironie, sous le pinceau sé‑vère de Philippoteaux ou dans le refrain à double tranchant de quelque air miaulé ou hurlé aux *Ambassadeurs.*

Sans donner les trois francs ou les quarante sous que les beuglants deman‑dent, on peut pour ses dix centimes voir passer comme au cirque, toute la caval‑cade de la grande Banque, ou plutôt de la grande Bohème, et toute la voiturée du grand Talent ou du grand Vice !

Encore une différence de Paris à Lon‑dres ! Encore une fleur à ajouter à sa couronne, ou plutôt un bouquet à plan‑ter dans ses armes.

Rien qu'en regardant cette chaussée, on peut, à un moment, compter sur ses doigts ceux et celles qui font l'honneur ou le danger de la ville ; sous ce pan de ciel, ce sont des charriots d'étoiles ! étoiles de gloire, étoiles de boue ; constellation de diamants et de pierres fausses. Mais elles n'ont pas la tête dans un sac, ces belles perdeuses d'hommes, et le pre‑mier venu peut du bas du trottoir ou

du haut de son sapin en sentir l'odeur !
Les comédiens de tous les théâtres, Comédie-Française ou Palais-Bourbon, ca-
botins de tout acabit, étalent là leur visage tel qu'il est, — ils n'ont plus leur
masque ! On peut voir comment ceux
qui vous amusent ou vous bernent ont
le nez fait, ce qu'il y a de tristesse dans
le pli des lèvres d'un bouffon, et de farce
cachée et de scepticisme tapis dans les
rides d'un diplomate ou dans les favoris d'un ministre.

Quand il n'y a pas Chambre ou Sénat, le monde qui tient l'Etat dans ses
mains — pour une saison — se confond
avec celui qui tient la Bourse prisonnière
dans ses calculs, et avec la nuée d'artistes de tout lustre et de toute écaille. Si
l'on jetait là-dedans l'épervier vers 5
heures du soir, quelle pêche ! — et qui
mériterait, comme la miraculeuse de l'E-
vangile, les honneurs d'un tableau im-
mortel, dans le cadre duquel il y aurait
à graver, au-dessous des figures, les noms
les plus glorieux ou les plus infâmes de
Paris !

Champ d'observation cruel et magnifi-
que grande voie sillonnée de célébrités,
inondée d'air et de soleil, ombragée de
vert, — mais aussi fleurie de fleurs vé-
néneuses, et, à certaines époques, ombragée de noir et bordée de douleur, comme
la voie Appienne est bordée de tombeaux.

C'est par là que les alliés entrèrent autrefois en vainqueurs. Leurs chevaux
mangèrent l'écorce de ces arbres, les

femmes embrassèrent les Cosaques.

Par là passèrent, dans l'année terrible, les cuirassiers allemands, le jour où ils voulurent laisser trace de meurtrissure et de victoire sur la face de la cité saignante, à la place la plus fraîche, — et ils firent piaffer leurs montures sur le sol des Champs-Elysées, comme un homme met, par un raffinement de cruauté, son cachet à coups de botte sur un visage de femme qu'il a violée.

Mais à travers les déchirures des drapeaux noirs pendus au-dessus de la haie allemande, sur le balcon des maisons fermées, il passait des éclairs de soleil, comme il en passe encore à travers la grande porte de l'Arc de Triomphe bâti en l'honneur de cet autre victorieux qui voulait charger les soldats seuls d'éclairer les chemins, quitte sauf à mettre la lanterne sur la poitrine d'un fusillé, une nuit, dans un fossé de Vincennes.

Les Champs-Elysées sont toujours verts, la patrie est toujours vivante, et les Tuileries sont mortes !

Le palais de l'Industrie, caserne des temps nouveaux, ouvre ses flancs à l'art qui se transforme, à la science qui défend l'homme contre Dieu. On y met en batterie des idées et non des canons.

C'est du haut de ce monument que l'électricité a brûlé les yeux de la ville, et qu'Archimède aurait brûlé les barques de l'ennemi.

Jules Vallès.

LE CIRQUE D'ÉTÉ

Mabille étant mort, les piaffeuses des quadrilles échevelés sont allées danser et faire danser les gens dans d'autres coins de Paris, mais elles reviennent à chaque printemps saluer la réouverture du Cirque d'été, et elles ont adopté un jour où c'est la mode, pendant toute la saison, de venir sentir l'odeur de l'écurie, après ou avant les parfums de l'alcôve.

Elles arrivent là harnachées comme la jument sur laquelle les écuyères font des grâces, pomponnées de rouge, couvertes de housses soutachées d'or, passant sous les flammes des regards libertins comme le cheval de feu que M. Lorenz Wulf fait caracoler et virer à coups de chambrière sous une pluie de feu d'artifice, — chambrière innocente celle-là, et qui fait plus de bruit que de tapage, tandis que ces empanachées et ces rutilantes sont cinglées par un fouet méchant, le fouet de la nécessité !

C'est de la pitié qui me vient devant ces Vestales du feu mauvais.

27 Avril 1883.

La bête de cirque s'arrête à un moment donné.

Elle peut souffler et aller au pas, pendant que Billy Hayden amuse le tapis.

Mais elles, les représentantes du plaisir à grand falbalas et à grand chic, n'ont pas une minute de repos, les malheureuses, entre les manœuvres du jour et les manœuvres de la nuit. Il y a à parer la chair, puis à la vendre !

Quelques-unes s'amusent peut-être de bon cœur, ne prévoyant pas ou ne voulant pas pressentir la chute du lendemain, la mise à la réforme, la descente dans le ruisseau ! Le balai qu'elles rotissent a le manche doré ; leur outil d'ouvrière leur poissait et leur trouait les mains. On en a vu jusqu'à dix qui ont fait fortune, dix sur cent mille ; c'est quelque chose, et chacune espère qu'elle sera dans les dix. Allons, faites-vous belles pour les heureux! Les pauvres en profiteront et vous remercieront au lieu de vous insulter. Après tout, vous auriez préféré peut-être une existence sage, tranquille et honorée, et c'est la faute des autres, non la vôtre, si vous êtes attelée à ce faux luxe, si, à votre cheville fine, est accroché ce boulet d'or !

D'ailleurs, le plus rigide trouve, à certaines heures, un profit, sinon une joie, au spectacle de ces richesses mal gagnées, de ces élégances mal venues, de ces bijoux mal portés.

Il peut leur passer dans le cerveau

comme une éclair. Qui nous dit que cela
n'illumine pas d'une lueur féconde un
coin de leur pensée, trop ramassée et as-
sombrie?

C'est faire acte d'aveugle et d'ingrat
que montrer le poing à ces filles tapies
dans la lune de miel de leurs épousailles
avec la gomme et les rastaquouères, avec
les fils de l'aristocratie tombée ou de la
Bourse montante. Autant cracher contre
une raie de jour faux tombant d'un soleil louche, — il est louche, le soleil qui
éclaire la mêlée humaine, mâle et fe-
melle, sur la piste de notre époque tourmentée et confuse!

Quelques-uns s'indignent au nom des
créatures *bien nées*, croient qu'il est
blessant de voir les femmes du monde
propriétaires pour de bon, distingées
pour de vrai, assises côte à côte près de
ces filles qui vivent seulement de louer
leur corps à la saison ou à l'heure. Mais
y a-t-il encore une classe pure qui ait
gardé de hautes qualités natives, une
grande tradition, qui n'ait pas été entamée par le rabot d'or qui enlève les copeaux
de chair sur le dos des honnêtes gens, ou
le rabot de fer plébéien qui à mâché l'é-
corce des obus sur le tronc des arbres
à généalogies. Combien de blasons ternis
par des des gains suspects! Combien de
sangs bleus croisés avec des sangs noirs!

Il n'est plus de gradins élevés sur lesquels aucune famille puisse placer son
honneur et sa gloire, inviolables et in-
violés. Dans le sac aux écus, les mains se

sont mêlées. Pourquoi ne se mêlerait-on pas dans le cirque?

Toutes les oisives se valent, et il n'y a pas à tirer un cordon de décence pour séparer les viveuses de hasard et les enrichies de pacotille. Saluons, au contraire, cette ironie de Paris qui les rapproche pour les dévisager du même regard et les persiffler du même coup.

Qu'en dit le clown et sa bête, Billy-Hayden et son cochon?

Le clown — il a changé, lui aussi. Où sont ceux qui ne jouaient pas seulement des farces avec M. Chadwick pour compère, mais qui jouaient bel et bien leur vie, ceux qui « faisaient le péril ».

J'ai vu, il y a trente ans, des hommes sauter les dix chevaux avec des fantassins juchés sur les bêtes, et tenant leurs fusils droits baïonnette au canon.

Après avoir fait rire, il faisait peur, ce clown enfariné.

On a protesté contre ces jeux parfois sanglants.

Mme Saqui, qui à quatre-vingts ans, n'avait plus de pain et voulait en gagner entre ciel et terre, entre Dieu qui ne voyait pas sa misère et les hommes qui ne s'en occupaient pas davantage, Mme Saqui eut besoin de la protection des « têtes couronnées », comme on dit dans la Banque, pour obtenir de faire son ascension à à l'Hippodrome.

— Ce sont des mœurs d'un autre temps, disait le Camescasse du jour.

Nous sommes sous l'empire et non sous la République, avec un gouvernement de gens sages et non de casse-cou.

— Sous tous les régimes, on a le droit de se tuer pour vivre, répondit l'octogénaire affamée.

La réponse de la funambule était juste et poignante. Ainsi me parlait un autre saltimbanque, non point vieux comme elle, mais déjà ridé et lassé, avec des cheveux blancs passant sous sa perruque, à qui l'on refusait aussi de marcher dans l'espace jusqu'au coq d'un clocher, qui avait sa crête de métal à une demi-lieue au-dessus du sol.

S'il est horrible de courir, un mauvais balancier en main, au devant de la mort, il est horrible aussi de voir les siens souffrir.

Il aimerait autant ménager sa vie, mais elle ne sert à rien à ceux qu'il doit nourrir.

Le coup d'aile de son courage l'emporte au-dessus de sa noire misère. Les sous pleuvent sur la nichée qui attend au milieu de la place ! L'argent tombe. Le père peut tomber aussi ! Il y a dans la sébile de ses petits, de quoi faire réparer la corde qui a cassé dans les airs, de quoi transporter sous un autre ciel l'appareil de secours et de mort.

Les autorités veulent leur arracher leur gagne-pain.

La machine d'usine a coupé les bras à cet homme qui était ouvrier, l'autre année, et qui n'est plus nécessaire au pa-

...ron. Il lui reste les jambes, il veut tricoter avec, s'il a été assez riche pour acheter un fil de chanvre ou de fer auquel tiendra sa vie, par la semelle d'un escarpin frotté de blanc.

Vous demandez un filet de protecteur ? Mais c'est la recette rognée, parce qu'on a envie d'émotion et que la curiosité douloureuse donne plus que la curiosité tranquille !

Puis c'est une dépense pour l'acrobate ou pour ceux qui l'engagent ! Tous les cirques ne sont pas millionnaires et rechignent à acheter ce réseau de défense.

Je ne veux pas accuser l'autorité ; mais, vraiment, il y avait dans les exercices d'autrefois une grandeur fertile !

Qui fait le péril sur la corde ou le pavé, pour gagner son pain ou pour défendre ses idées, celui-là envoie du courage à ceux qui le regardent et épient la minute fatale ! Dans un pays où l'idée de guerre suit les charrues, pour en aiguiser le museau en canon de fusil au premier signal, sur une terre bourrée comme la nôtre de débris de bataille, je comprends mal cette sensibilité de cirque et cet embargo sur le danger.

Il y a bien d'autres défis adressés au hasard et l'on peut aussi garder ses craintes pour un million de courages moins payés.

Endormie et pesante cette soirée de réouverture ! Comme elle eût été vivante, si, au milieu de ces exercices vieillis, on nous avait offert une proie fauve, un sauteur ou un gymnaste à dévorer des yeux, à suivre haletant à travers l'espace, sans espoir de salut, s'il manquait son coup.

Il ne faut pas avoir trop peur de la mort, et l'on s'habituera à elle en la voyant méprisée par des ignorants et blaguée par des pîtres.

Tout au moins, les clowns de Paris devraient-ils ramasser à terre le droit de mépris et de blague.

J'ai déjà dit qu'en Angleterre c'était ainsi dans le Musée-hall, et que tous les soirs, le café-concert prenait à partie, raillait et même cinglait devant la foule, l'homme public qui dans la journée avait commis une faute ou une bévue. Personne ne s'en porte plus mal.

Un blagueur en bonnet pointu, en collerette, en culottes avec une lune sur la poitrine et un cœur sur la lune, qui viendrait fouetter de son rire le dada du moment, et embarrasserait la verve et peut-être les opinions de M. Loyal, cela serait bien Français, et aurait au milieu de ce crotin de la banalité, une bien bonne odeur de terroir !

Je me souviens que sous l'empire un clown inconnu sortit d'un tonneau et se montra tout d'un coup avec les moustaches, le nez de Napoléon III. Nous en eûmes pour huit jours à nous gaudir dans notre coin d'opposition. Le pauvre homme ne l'avait pas fait exprès. Mais

celui qui viserait dans cette sorte de cible, comme il serait compris du public
parisien !

Ah ! bien oui, cette fantaisie est in-
terdite aux cabrioleurs du cirque par les
mêmes hommes d'Etat qui veulent mou-
ler Paris sur Rome — cette Rome où le
cirque était tout rouge du sang des gladiateurs, et la censure va flairer jusqu'au
derrière des clowns !

Jules Vallès.

Il devrait être là tout entier, emprisonné entre les baguettes dorées des cadres, familier ou grave, souriant ou terrible, le Paris vivant !

Les peintres avaient à le coller tout saignant sur la toile, les sculpteurs à moucheter de sa boue le blanc de leurs statues.

Il aurait fallu le voir sous toutes ses faces, homme de travail, de plaisir et de combat, dans ce Salon de l'année, destiné à être l'exposition des mœurs du temps et non pas seulement le rendez-vous de quelques débauches de couleur.

Or, c'est à peine si Paris, la grand'ville, est représentée dans son aspect et son génie, au milieu de ce fouillis d'œuvres qu'aucun sentiment commun ne domine et que ne relie pas le ruban d'une idée.

C'est pourtant à celui qui tient le pinceau, plutôt qu'à celui qui tient la plume, que paraît revenir tout d'abord la mission de fixer les traits de la cité capitale ; c'est lui qui possède le véritable

4 Mai 1883.

outil. Malheureusement, l'École et la tradition l'éloignent du présent et lui plongent le nez dans le passé. Il s'occupera d'Athènes, de Rome et de l'autre monde, mais du milieu dans lequel on se trémousse, du coin de plancher des vaches sur lequel nous montons le quart, entre les ondées de soleil qui dorent les toits des quartiers riches et les éclairs d'orage qui sabrent de rouge les cîmes de Belleville ou de Montmartre, de cela, on s'en occupe moins que du grand Turc ! C'est pitié, vraiment, et il est temps de le crier, je pense bien que les salonniers francs, à commencer par Vachon, pousseront la clameur d'alarme.

En tous cas, je n'ai rien ou presque rien à glaner pour mon *Tableau* dans ce déroulement de toile barbouillée de rouge ou de noir !

Laissant aux spécialistes le soin de juger les œuvres, je me retourne du côté des exposants : sous le masque que quelques-uns attachent à leur visage comme d'autres à leurs tableaux, il y a peut-être des frissons humains à noter, la fièvre de Paris à sentir...

La plume a le bec fait pour trouer le carton des loups et égueniller des voiles. Il n'est pas hors de propos et hors de saison de piquer un peu dans la chair de l'homme, tandis que la critique mord sur l'œuvre et de voir ce qui se passe dans la coulisse avant que l'artiste ne soit traîné par le jury sur le théâtre.

Les peintres sont maintenant de la famille des millionnaires et la Bourse de l'art nouveau est la seule à l'abri des krachs. C'est vrai pour toute la bande qui fait l'exportation et vend à l'Amérique, comme elle vendrait demain au Prussien, si, par ironie, Bismarck mettait à la mode, en Prusse, l'achat des tableaux français.

Parmi ces trafiquants qui font grande figure, plus d'un pourtant a ses soucis comme les pauvres ; ses soucis et ses hontes !

Il y a des moments où la conscience reprend ses droits, où, tout au moins, le cerveau a la fatigue de ses trahisons. Celui qui a quitté l'art pour le métier doit sentir le dégoût s'emparer de lui à certaines heures. Ce n'était pas la peine d'embrasser la carrière d'artiste pour vivre en commerçant âpre au gain, en boursier toujours aux aguets et en éveil.

On connaît des spécimens terribles de ces dorures à couche minée, qu'un rien suffit pour écailler, et qui laissèrent voir sous l'écorchure, le bois de potence et de crucification.

La fin de Charles Maréchal nous a appris que certaines réputations ne survivaient pas à la chute d'un César, ou à l'enterrement d'un Mécène.

Tout le monde le croyait heureux, ce peintre d'Alsaciennes, qui sut mourir, quand l'Alsace fut morte pour nous grâce à son ancien acheteur et maître qui lui avait donné la croix tout comme à ceux qu'il devait vendre à Sedan ! Quelques-uns des vendus brûlèrent leur chapeau. Maréchal, lui, se fit sauter la cervelle. Il s'envola dans le suicide, pour échapper à la captivité sans gloire de la misère.

Pour arriver à la fortune, que quelques-uns des artistes étalent, il faut souvent autre chose que du talent, autre chose même que de la dignité. Il en est qui n'ont pas eu de sacrifice d'orgueil à faire, et à qui leur mérite a suffi. Ils ont conquis la vogue, sans perdre l'estime ; ils n'ont pas eu à courber l'échine, à la façon des courtisans, pour ramasser l'or tombé de la poche des acquéreurs insolents.

Mais telle n'est pas l'histoire de tout le monde. C'est par le chemin des concessions, chapeau bas, et aumônière tendue du côté des grands, que beaucoup ont dû passer pour arriver au sac et aux étoiles, au demi-million ou à la croix, à la rosette d'officier, à la cravate de commandeur. J'en vois la corde de cette cravate-là, et je sais ce qu'elle a coûté de saluts et de lâchetés, vis-à-vis de soi-même, sinon vis-à-vis des autres ?

Il faut que le public sache bien que l'artiste vraiment fier et convaincu est condamné, pour ses débuts au moins, à la pauvreté et à la douleur.

Devant cette constatation sévère, la légende du rapin fainéant et hurluberlu s'émiette et s'effrite comme celle de la dèche éternelle à laquelle était voué l'ar-

...iste dans l'esprit des bourgeois, qui maintenant sont plus pauvres que lui !

Au peintre qui s'enrichit, il faut le genre d'un commerçant, et il n'y a pas à opposer la sagesse du comptoir à la finesse de l'atelier. C'est le comptoir qui serait battu. Il n'y a pas non plus à se targuer de l'activité et du courage déployés dans la boutique ou l'usine, devant ceux qui travaillent au chevalet ou pétrissent la terre glaise et dont la main obéit à une passion honnête et chaude. Ils dépensent dans le combat de l'idée et pour l'achat et l'entretien des armes, une vertu dont les autres n'auraient pas la force, n'ayant pas la foi.

Que ceux qui buchent se raccommodent avec ceux qui pensent ! Ils sont vos frères de labeur et de pauvreté à vous tous, qui voulez gagner votre pain en vendant votre temps et votre peine, sans engager vos opinions ou votre drapeau, Ces artistes, qui essaient d'enfoncer une idée dans leur œuvre, et qui, ceux-là, ne font pas le saut en arrière dans l'antiquité, pour être applaudis et graissés par les académies, mais se plaisent à prendre la vie telle qu'ils l'ont subie, telle qu'ils l'ont vue ; c'est parmi eux qu'on rencontre les paysagistes de nature vraie et les paysagistes de Paris grouillant, comme Manet, Courbet, pour en citer deux!

Je voudrais en citer un troisième. Mais je heurterais peut-être la douleur et les intérêts des vivants en soulevant le voile qui recouvre un cadavre, si je disais le nom de celui qu'on ramassa un jour, la tête ouverte et le corps haché sous un tunnel que venait de traverser un train à toute vapeur, mugissant et sifflant, poussant des cris à fendre l'âme !

Je puis, du moins, raconter l'histoire qui circula le jour de l'enterrement.

Il y avait un artiste tout plein de l'amour de la vérité, un de ceux qui se plantaient en pleine fange de carrefour ou en plein sable des quais pour peindre la rue ou la rivière, le faubourg ou la Bièvre, qui avait le courage de regarder les pauvres et de donner asile au peuple dans son œuvre.

Sobre, modeste ; têtu au travail !

Si entêté qu'il fût, la déveine l'était plus que lui. Après de vains espoirs, ayant entrevu seulement la terre promise ; entouré d'une famille qui avait encore du pain, mais où déjà les enfants n'avaient plus de jouets au jour de l'an, pressentant le jour où il faudrait demander crédit au boulanger, qui refuserait — ces artistes, ça ne paie pas ! — pris de folie, ou plutôt fou de sagesse, il fit une dernière esquisse : Série de scènes noires. Elles se déroulaient ainsi.

Un homme dans son atelier, dont les tableaux sont tournés contre le mur, et qui sent la misère décente et affreuse, réfléchit devant un journal ouvert, où l'on lit : *Souscription pour la veuve et les enfants de...* Tel était le premier croquis.

Le second représentait la bouche d'un tunnel et, sous la gueule de la voûte, un homme en redingote, baigné de son sang, que le cantonnier relevait en tachant sa blouse bleue.

Sur un troisième feuillet, on voyait une femme et des enfants en deuil ; mais la soupe fumait sur la table, et il y avait entre les mains des petits, vêtus de noir, un polichinelle et une poupée.

Il regarda ces trois esquisses, puis les déchira en poussant un cri de douleur, ou plutôt de colère. Mais trois jours après il dormait dans la paix éternelle, et, derrière le cercueil, ceux qui le connaissaient disaient qu'il avait exprès levé la tête en passant sous le pont de tunnel, parce que c'est de tradition dans la famille des artistes de se cotiser pour venir en aide aux veuves et aux orphelins, parce qu'aussi on achète plus cher les tableau des morts. On dit encore qu'il s'était assuré un mois avant... Mais que ne dit-on pas?

Mais vous voyez quels drames il peut y avoir dans une vie d'artiste!

Jules Vallès.

L'Union Foraine
(Le Syndicat des riches.)

Il y a bien longtemps que j'ai prédit l'avènement de la grande baraque et la disparition du modeste *entre-sort*, ce théâtre en bois moisi ou en toile trouée qui abrite les secrets des banquistes.

Elle était étrange, cette population de phénomènes venus comme cela à la lumière du ciel ou préparés dans l'ombre de la caravane misérable, peints, sculptés, diminués, allongés, tordus, suivant la mode de la foire ; curieuse, la famille des ensorcelantes et des ensorcelées, somnambules et magnétisées ; monde à mine antique, à qui le vent du voyage avait hâlé les bras et jauni la face, si bien que ces saltimbanques avaient l'air d'idoles contrefaites ou de momies bandées de guenilles, avec leurs carcasses couleur de bronze ou de vieil or.

Oui j'avais annoncé que l'or des parvenus noierait ces liards vivants !

C'est fait ou ce sera fait avant le retour de la neige. Je viens de lire dans les journaux la déclaration rédigée par l'Union foraine.

11 Mai 1883.

Les saltimbanques qui ont pignon sur rue se sont formés en société, et l'un des articles de leur contrat condamne à mort sans pitié ceux des leurs qui n'ont que la bizarrerie ou les blessures de leur être à faire voir, ou qu'un pauvre tourniquet, des cartes crasseuses, un vieux corbeau, un chien usé à pousser comme entrée de jeu !

C'est au nom de la morale, disent-ils, et pour n'avoir pas de gens suspects dans leur monde.

Etaient-ils donc si nombreux, ceux dont on ne pouvait pas serrer la patte ou la pince, homme-homard ou femme sauvage ?

Les saltimbanques riches ne veulent pas des saltimbanques pauvres, les propriétaires de cirques à singes et petits chevaux ne veulent pas de ceux qui n'ont qu'un « Munito », six rats ou quelques puces pour gagne pain.

Celui qui lutte en caleçon à frange dorée dédaigne le malheureux qui a roulé un essieu dans la boue et le soulève avec ses dents !

Mais la moitié du temps, il ne descend pas dans l'arène, le signataire de la déclaration orgueilleuse.

Il ne travaille pas, il fait travailler les autres, ce mépriseur des isolés, et il faut que l'acrobate passe sous les fourches caudines du patron, géant ou nain, s'il prétend vivre de la vie foraine.

Malheur à qui refuse le salariat et veut rester libre, fût-il un héros celui-là, fût-il résigné a montrer son agonie et à se tuer à petit feu pour faire recette, capable de saigner pour de bon devant un public qui prendra ce sang pour de l'eau teinte en rouge, le soir où il faudra payer le droit des pauvres ! Car il doit sa part comme les autres, le vagabond, le, déclassé !

L'administration leur impose un impôt à tous, en même temps qu'une discipline. Elle les régente et les pressure, et elle commet des bévues et des cruautés !

Des subalternes font du chantage. Les bonnes places sont désignées et marquées par des pattes graissées.

Une société forte pourra gratter la graisse et l'analyser et en barbouiller la face du préfet ou du commissaire devant le public. Elle aura de quoi solder les journaux qui insèreront ses protestations comme ses réclames.

Mais le pauvre diable qui ne sera pas du syndicat, que deviendra-t-il ? Il aura maintenant deux ennemis au lieu d'un.

Que les menacés de l'entre-sort qui ont de la tête — qui en ont deux — les mettent dans leurs mains et réfléchissent ! Qu'ils cherchent s'il y a moyen de s'en tirer ! Qu'ils fassent feu des quatre pieds, des quatre bras, de ce qu'ils ont de libre, en trop ou en moins, et qu'ils tâchent de n'être point jetés dans l'éternel exil. L'exil est impie pour celui qui combat contre la faim avec ses difformités et ses trucs, aussi bien que pour celui qui, plein de vie, droit et fier, a conduit les idées à la bataille ; à quoi bon étouffer des monstres dans la misère quand ils avaient la monstruosité innocente ?

Ils tomberont sous le coup de la loi nouvelle, les errants et les proscrits ! on les arrêtera par les grands chemins, à la première contravention flairée par les gardes champêtres ou les gendarmes. Le commissaire, les autorités, M. et Mme le maire leur jetteront à la face comme un antécédent coupable son exclusion du syndicat forain ! et les menottes seront mises aux poignets, le vieux chien savant aboiera en vain, | le brigadier le tuera, les chiens de ces gens-là c'est la rage ou la malechance !

Et c'est à Paris qu'on a voté ces ostracismes ! Ce sont les irréguliers de la vie foraine qui se sont fait les complices des inspirateurs de la loi sur les récidivistes !

Il en est temps encore ! Que les fédérés des grandes baraques n'abandonnent pas leurs frères de voyage, qui ont besoin du *condé* encore ; qu'ils ne soient impitoyables que pour ceux qui ont compromis l'honneur de la tribu ; que l'excentricité d'un métier, la pauvreté d'un truc, la misère d'une installation ne fassent pas prendre pour des *romané-michels*, voleurs de poules ou empoisonneurs de bestiaux, de pauvres gens qui n'enlèvent pas les enfants, mais les amusent sur la place des villes comme devant la porte des hameaux !

La femme à barbe va donc être obligée de se raser ! de tuer cela comme on brûle une moisson en avant de l'ennemi, — chaque poil valait un épi. C'était du blé pour la famille. Car elle avait une famille, elle avait pu trouver à se marier, ayant cette dot que devaient tirer et dépeigner des bambins aux joues nettes comme la soie des pommes d'api.

Elle avait accouché d'eux çà et là, non sans que ses favoris et sa barbiche ne lui jouassent destours !

Prise des douleurs, elle est forcée, un soir, de faire arrêter en plein champ la roulotte, qu'elle emplit de ses cris.

Le mari court à l'habitation la plus proche et réclame le médecin, qui le suit au pas de course et n'a pas le temps de saisir les explications que le saltimbanque veut lui donner en trottant, à propos du menton de sa femme.

— Où est la malade ? dit-il en fouillant la baraque mal éclairée.

— Dans ce lit.

— Quel lit ? demande l'homme venu pour faire un accouchement et qui a aperçu un sapeur sous la couverture.

Au même moment, les chevaux des gendarmes font résonner leurs sabots sur les pavés de la grande route. Ils ont entendu les cris de la femme en travail. Le médecin prend peur. Aura-t-il le temps d'échapper au barbu, qui va se lever bien sûr et, avec le faux mari, l'empoigner et l'assassiner ? Mais le sapeur rabat les draps et étale aux yeux de la science un cas qui d'abord la bouleverse ; enfin on s'explique et le sapeur est délivré.

Pauvre mère ! Elle ne donnera plus le sein à son nouveau-né, elle ne fera plus d'argent et inspirera la défiance, n'étant pas de la société. Hors de cette Eglise, point de salut !

Quand il n'y aurait que des chances de comédie comme celle de l'accouchement en question, ou comme la vieille histoire de Requin (Léonidas), par amour du pittoresque, il faudrait demander aux parvenus de ne pas lâcher ceux des leurs qui n'ont pas encore fait leur chemin tout en ayant usé leurs pieds sur les grandes routes. C'est au nom de Paris que je condamne la disparition de cette race de vagabonds qui venaient tous les ans promener leur originalité à la barrière du Trône ou à la chaussée du Maine, et qu'on va le dimanche voir à Saint-Cloud.

Après tout, c'est le spectacle pour presque rien offert à ceux qui sont pauvres, ouvriers ou bacheliers, gratuit pour ceux qui n'ont pas un sou.

Plus d'un parmi les arrivés est le débiteur de ces artistes misérables, qui se disloquaient, s'époumonnaient, s'exposaient à se tuer, sans qu'on fût forcé de jeter un sou dans l'écuelle de fer, où le saltimbanque devait trouver en cuivre l'argent de sa soupe du soir.

Loin d'applaudir à la prudence des *bateleurs dirigeants*, je réclamerais plutôt qu'on rendît la place publique aux saltimbanques.

Quel mal faisaient-ils devant l'église Saint-Sulpice ou au carrefour de l'Observatoire ?

Mais la grande mécanique sociale ne le veut point. Les faibles doivent mourir, sur les champs de foire comme sur les champs de bataille. La gaieté de hasard s'en va. Le calcul des agglomérations dorées la tue.

J'ai voulu signaler cela jusque dans le pays des saltimbanques ! Le capital guillotine le monde de la bohème en maillot, comme il a guillotiné le monde du commerce ; il coupe la langue aux pîtres comme il peut la couper aux tribuns ; il tue le petit entresort, comme il a tué le petit magasin !

C'est la question sociale posée en pleine foire au bruit de la grosse caisse !

Jules Vallès.

LE DIMANCHE

I

Dans les campagnes, on a pris le chemin de l'église, et tandis que la brise taquine la cime des herbes dans les prés et la paille des blés dans les champs, le souffle de piété agenouille paysannes et paysans devant le calice levé par la main du prêtre, pour l'Eucharistie; tout se tait, moins le bœuf qui mugit dans le pâturage et l'oiseau qui crie dans le ciel ou bat de l'aile contre le vitrail couleur de sang.

Mais ceux, dont La Bruyère nous a montré la face et les gestes de bête, ont l'échine courbée, aujourd'hui, jour de repos, comme hier, jour de peine ; elle fait ombre sur le blanc du mur au moment de l'Elévation, comme elle se déchiquetait en saillie pendant les heures de labeur sur le bleu de l'horizon.

Ils commencent leur dimanche par là, par le sacrifice de leur liberté au pied de l'autel, ceux qui habitent au fond des villages où le prêtre est encore le maître plutôt que le maire républicain, crucifiés de la vie, qui, dès qu'ils ont une minute à eux, vont féliciter de leurs patenôtres ou de leurs cantiques celui qui pardonna à ses bourreaux du haut de son crucifix.

18 Mai 1885

Paris a peut-être bien encore, dans quelques coins, un semblant de religion, un reste de croyance à la foi qu'enseignaient les grand'mamans. Laissons les moutards faire leur prière, si la mère y tient, et puisque le père le permet, lui l'insurgé d'hier et le révolté de demain, qui, tout en riant dans sa barbe, regarde *la bourgeoise* joindre les petites mains de la gamine ou du moutard. Mais, même là où la marmaille zézaie devant le bon Dieu, il ne faut pas que le bon Dieu mange la journée, — et dès le matin on songe à aller faire des dévotions dans un petit cabaret qu'on connaît, où les lapins sauteront d'eux-mêmes dans les casseroles, et où l'on boira un petit vin qui vous mettra du bleu dans la tête, chassant le noir de la semaine, qu'on commence à laver à grande eau, dans la cuvette de terre jaune ou même sous la pompe de la fontaine.

Il faut voir ces lessives, par les dimanches qui s'annoncent joyeux et clairs dans le fond des faubourgs! Quand ils ont essuyé la poudre du travail, on ne les reconnaîtrait plus quelquefois, tant quelques-uns ont le teint blanc, pas plus qu'on ne devinerait des entêtés de la résistance sociale dans ces gens à l'œil clair, au sourire franc, à la main ouverte.

C'est que Paris a ça pour lui de ne point garder la rancune et la haine éternellement logées dans le fond des prunelles, tapies au coin des lèvres, il n'a jamais le regard louche. En tous cas, le long du dimanche, le peuple veut oublier ses colères, et essaie d'enterrer ses chagrins.

Du reste, ceux dont il fut jadis et dont il redeviendra demain l'ennemi, désarment aussi le dimanche; il y a trêve, quand le samedi finit, entre tous les combattants de l'arène.

Un souvenir à ce propos :

On se rappelle que des hommes de Blanqui attaquèrent une caserne de la Villette, un certain matin d'août 1870.

Ils espéraient, dirent-ils, mettre le feu à l'indignation publique et provoquer la chute de l'empire, qui laissait envahir la patrie. On sait comment l'affaire finit; mais tout le monde ne remarqua pas, peut-être, qu'elle avait été entamée le jour où toutes les convictions sont, le matin, en pantoufles ou en savates, en souliers neufs dans l'après-midi, où l'on laisse à l'atelier ou au ratelier tous les outils ou toutes les armes. C'est un dimanche que les conspirateurs tentèrent leur coup.

«Jamais on ne fera une révolution, pas même une émeute, ce jour-là, pour le bon ou le mauvais motif.

C'est Michelet qui parlait ainsi.

Nous étions allés le trouver au nom de ces conspirateurs maladroits, dont deux avaient été pris et condamnés à mort. Nous pensions, et il pensait avec nous qu'il ne fallait pas qu'on les tuât, et

il devait rédiger une lettre que nous fe-
rions signer et qui empêcherait la fusillade.

On craignait qu'elle n'eût lieu le sur-
lendemain.

Il demanda le calendrier.

— Non, messieurs, pour la même raison qui les vouait d'avance à la défaite,
ils ne seront pas exécutés après-demain,
c'est dimanche... Les porteurs de sabres,
aussi bien que les autres, comprennent
qu'il ne faut pas du sang frais sur
l'herbe où les endimanchés vont s'asseoir,
les chefs de la défense et ceux de la bourgeoisie laisseront dormir la justice, et
nous avons jusqu'à lundi pour les
sauver.

Je n'oublierai jamais le ton d'assu-
rance avec lequel parlait le vieux Parisien, qui connaissait son sol natal comme un arbre connaît la terre où sont en-
foncées ses racines et sait ce que dit le
vent qui secoue son feuillage.

A travers la chevelure blanche du vieil-
lard, passait un souffle venu du Luxembourg sur lequel donnaient ses fenêtres.

Dans les phrases qu'il ajouta, une
fois notre peur détendue, il y avait
comme un nid de chansons — et à l'entendre parler de cette gaieté des barriè-
res et de la banlieue, toutes brodées de
toilettes fraîches et emplies de l'insouciance des meurtris de la plèbe, je me
prenais à espérer la République de Du-
pont heureuse sous le rameau vert des
chênes! L'autre matin, admirant la *Paix*

de Dalou, je songeais à mettre dans un coin de l'œuvre le buste de Michelet, avec l'expression qu'avait cette tête, quand on parlait des dimanches que doit arroser le vin rose qui sort des grappes et non celui qui dégoutte des veines par le trou noir qu'ont fait les balles.

Je l'avais calomniée jusqu'alors cette journée où les passions font relâche et silence, mais où la misère grogne toujours dans le ventre de ceux qui ne sont point des ouvriers, n'ont pas de travail, et n'ont pas passé la veille au guichet de la paie.

Ils n'ont pas la joie du repos ceux qui n'ont pas eu la fatigue de la corvée, et la gaieté des autres ne fait qu'aggraver leur tristesse — le petit luxe du peuple insulte la friperie de la bourgeoisie déclassée, qui n'ayant pas de métier ne gagne rien et trouve plus difficilement du pain ce jour-là que les autres !

La vertu de l'outil, la grandeur du travail sont soulignées par la douleur même de ceux que leur inutile éducation emprisonne dans un uniforme qui coûte cher et dans un chômage long comme des années. — la dèche dominicale de bagne à goût de poison dans la bohème, tandis que la gaieté des échappés de l'atelier ou de l'usine a son gros parfum de santé et d'honneur.

Il ne faut donc pas comparer les dimanches du peuple, qui *masse* et bûche, aux dimanches de ceux qui sont par force des oisifs éternels ou, par métier, des travailleurs qui travaillent à peine, comme les gens du mandarinat fonctionnariste, lesquels préfèrent les potins du bureau dans la semaine aux bruits du septième jour, au grand murmure de la foule qu'ils ne connaissent point et devant laquelle ils ont moins de curiosité que de mépris : petits vaniteux, grands ignorants !

C'est la classe vaillante des gens d'atelier ou de magasin qu'il faut suivre de l'œil, dès le matin des beaux dimanches. Et, quand on a regardé cette population se lever et s'orner pour la flânerie, dans ce grand bivac qu'on appelle Paris, qui a éteint ses feux de guerre pour vingt-quatre heures, il faut dire que la Révolution française n'est pas un vain mot et que les Brutus ont tort, qui s'isolent de cette foule joyeuse pour aller désespérer de la République dans le désert du Champ-de-Mars.

Mais voyez donc ces filles du peuple, ces demoiselles de rayon, ces esclaves du labeur pénible, vil ou brillant ! Elles ne sont pas déformées par l'esclavage, elles restent gaies, ironiques et jolies.

Elles humilieraient des duchesses, et feraient, si elles voulaient, tourner la tête à des petits-fils des ci-devant, rien qu'avec leur élégance d'instinct.

Elles ont tout le long de la peau ou de la robe un frisson d'aristocratie, ces républicaines qui s'habillent à neuf avec un louis et s'embaument avec un bouquet d'un sou!

Comment font-elles pour avoir cette sérénité et cette grâce, cette pudeur aussi, malgré la promiscuité des taudis et des ateliers, malgré la vie commune et malsaine des magasins? C'est une grâce d'état, un don jeté par les fées dans le berceau de la Ville.

Bien des grandes dames anglaises n'ont pas de si clairs dessous et du linge si frais que ces faubouriennes qui traînent leur petite sœur à la gare ou à qui leur promis, moustaches cirées, col raide, rose aux dents, donne le bras en le serrant un peu fort par moments!

Ils partent pour le pays aux lapins et au vin bleu.

On chantera, on trinquera.

Le Suresne suret violettera les verres

Et le soir, on reprendra le chemin de la vie de misère, las d'une dure fatigue, avec des odeurs de prairie dans les cheveux, et pour sept jours de courage dans le cœur.

JULES VALLÈS.

LE DIMANCHE

II

« Vous êtes dans une gare de Londres, un dimanche. Tous les gens qui attendent ont le même masque et la même allure ; on n'entend pas de bruit, il n'y a pas les essoufflements des retardataires, les joyeuses bousculades des entassés, point les appels joyeux de camarade à camarade, de bande à bande, ni le crincrin des gaïetés mâles, ni le froufrou des gaietés féminines.

Comme le Français perdu dans ce morne milieu regrette alors son Paris des jours de fête, avec ses gares bourrées de tapageurs, traversées par vingt courants qui se croisent, et se battent, et se mêlent dans un tumulte heureux où frissonne l'esprit de la cité aussi bien que dans le tumulte de la place publique.

Il y a temps pour tout. Mais on devine les improvisateurs de barricades ou de remparts et les chargeurs à la baïonnette des bataillons de Paris, dans ces assiégeants de guichets !

25 Mai 1883.

Ils ont le visage tout perlé de sueur et la gorge qui siffle à force d'avoir couru, ayant dix choses à faire en chemin, le grand-père à prendre, la belle-mère à fuir, l'enfant à finir d'habiller, moucher et le reste, — ou encore le melon à acheter, la gourde à remplir... Tout le monde ne peut aller à Corinthe ou ne veut pas s'y rendre, et il est encore des pauvres ou des traditionnalistes qui emportent le panier de Bidart, et iront manger sur l'herbe, comme du temps de Paul de Kock !

Quelquefois, on a perdu du monde sur le parcours, et, dans ce cas, c'est comme les allées et venues des estafettes lancées dans toutes les directions pour savoir où sont les troupes amies ou ennemies. Enfin on se retrouve pour se jeter les torts à la tête.

« C'est ta faute — « la tienne », mais on se raccommode tous pour faire la guerre aux employés, pour dire du mal du gouvernement !

Bien, bien, souffletez gaiement avec les brides de vos chapeaux roses ou les bords de vos chapeaux de paille, hommes, femmes et moutards, le pouvoir des compagnies représenté par des contrôleurs et livreuses de billets qui se donnent un mal de tous les diables, les malheureux, mais qu'on se plaît à accuser tout de même, — injustice bonne enfant qui est le pétillement de la rancune de semaines contre les agissement ordinaires de ces employés, lesquels ont volontiers des allures de capitaine ou de sergent dans un pays qui porte, jusque dans les fonctions civiles, le souvenir ineffaçable de la hiérarchie militaire. Et le pékin est regardé de haut en bas, souvent, par les galonnés du chemin de fer. Mais le dimanche ils n'ont pas le temps d'être impolis ou orgueilleux, et puis ils courent risque d'être envahis, débordés, si la *fièvre foulière* allait éclater tout d'un coup !

. Mais chacun y met du sien. C'est le blanc des grands cols et non le rouge des opinions qui s'étale aujourd'hui, et les boutades ne sont que pour se faire, la langue et s'échauffer un brin. Il ne s'agit pas de perdre aux bagatelles de la porte sa bonne humeur et son appétit de campagne. Et plus ou moins content ou fâché, pressé, pincé, poussé, le public s'enfile dans les balustrades, monte les escaliers, assaillit les wagons, tressaille aux coups de sifflet et pousse un énorme soupir d'aise, entonne même une chanson, quand le train s'ébranle.

Une autre fournée monte les escaliers et prend à son tour place sous les voûtes, toute chaude de la cuisson de la ville et avide de la fraîcheur des champs.

Ainsi jusqu'au soir, où le mouvement s'arrête un peu ! Paris a envoyé du monde de tous ses quartiers brillants ou noirs !

Certaines gares sont privilégiées, et

ce sont les heureux et les heureuses qui en prennent plus volontiers le chemin, comme celle qui, par ironie, a le nom d'une prison de femme, gare Saint-Lazare !

Et, à vrai dire, si l'on veut garder sa pensée *des jours ouvriers*, et se résigner à réfléchir sur les réalités sombres de la vie en ce jour de fantaisie et de trêve, on entrevoit peut-être au bout de ces dimanches fleuris des femmes de théâtre et de plaisir à la mine brillante, on entrevoit les dimanches d'hôpital et de geôle, où l'on apercevra sous les draps d'un lit cerné de blanc comme un cadavre, ou à travers les grilles de fer d'un parloir, quelques-unes de celles qui viennent d'arriver deux par deux, éventail aux mains, fard aux joues et carmin aux lèvres, pour aller rejoindre à Croissy un viveur du jour, qui depuis le matin pique des têtes dans la Grenouillère, en attendant, peut-être, de faire le grand plongeon qui aboutit aux filets de Saint-Cloud, quand les poches seront vides, alors que le cerveau sera encore plein et vivant, mais que dans le cœur amolli, il n'y aura plus la force de se défendre obscurément et bravement contre la pauvreté !

Oui, si l'on pouvait suivre des yeux le bouquet vivant qui s'éparpille des débarcadères à travers les villas dispersées entre Auteuil et Marly, Colombes et Achères, qui sait si on ne le verrait pas fané, flétri et écrasé dans la boue, avant le bouquet dont les fleurs se mêlent et se rencontrent dans les gares modestes, où se rendent plutôt les filles des ouvriers, restées honnêtes et simples!

Je pensais à cela, l'autre jour, en heurtant dans cette foule belle à voir, des femmes, en cheveux gris, qui semblaient brûlés, et en robe noire doublée aux manches de laine rouge sale et rongée — trame d'orgueil ancien et de misère fraîche.

Pendant l'heure que je passai là pour prendre le croquis de ce tableau de Paris, j'en rencontrai plus d'une que j'avais entrevue, insolente et insouciante au temps jadis, qui maintenant a l'air d'une tireuse de cartes et se traine avec des airs de folle et une mine d'affamée.

Sur les bancs je reconnaissais pareillement, d'anciens beaux, qui avaient encore un peigne dans leur poche pour peigner leur barbe en éventail, mais qui auraient consenti à ce que le poil soyeux en fût sali par du jaune d'œuf et des miettes de pain, si on leur avait offert le pain et l'œuf, à ces décavés sans logis dont on voyait, à travers les souliers crevés, le pied blanc, car cela peut se laver pour rien sous les ponts!

On respire dans cette gare le luxe, on y coudoie la beauté et le talent, plus qu'ailleurs. Mais, plus qu'ailleurs aussi, on y voit rôder le fantôme de la bohème dédorée, et l'on y rencontre des personnages qu'on dévisage, sans pouvoir dire si on les a vus dans une équipe de canotiers sur la berge ou de faiseurs de chaussons, au fond d'un des ateliers de la prison, à Poissy — anciens boulevardiers qui gardent un reste d'élégance dans la tournure, et posent encore à la *crâne*, sur leur oreille pelée, un chapeau dont les anses ne tiennent plus.

Comme c'est le chemin bon marché de l'Angleterre, on rencontre aussi là des types d'aventureux ou d'aventuriers, en ceinture ou en cravate rouge, en costume de chasseur, chasseurs dans la forêt indienne ou les champs californiens salés d'or, depuis l'ancien émigrant revenu pauvre avec un crêpe à son chapeau — toute la famille est morte là-bas — jusqu'au volontaire nouveau qui part pour l'inconnu : fronts pleins de balafres, cœurs pleins de trous ! Ils se tiennent, ceux-là, du côté de la rue d'Amsterdam, vers le guichet des billets anglais — autour desquels se traîne également le monde banal des pauvres qui n'osent aller sous l'horloge, en pleine clarté, et restent dans cette partie sombre et noire devant les paquets roulés qui sont tout leur mobilier et leur fortune !

Toutes les gares ont ce public-là : seulement il prend ici une physionomie à part ; car d'un côté c'est la face de la pauvreté, de l'autre le masque du bonheur.

Gare riche ou qui désire le paraître !

La clientèle ordinaire en veut aux

malles usées et liées avec de la corde qui passent sur le dos de l'homme conduit comme un aveugle à travers la foule par la femme qui traîne les enfants accro-chés à ses jupes !

Ils n'ont pas ceux-là, mené jamais la vie à grandes guides, ils ont fait effort depuis leur obscure arrivée au monde jusqu'à ce dimanche plein de soleil — ce n'est pas eux qui ont manqué au travail — c'est le travail qui leur a manqué.

Prenez vos billets pour la campagne et allez manger une friture au bord de l'eau, vous plus heureux ! mais rappelez-vous cet homme qui pliait sous son fardeau et que la misère emmenait loin de Paris, qui peut-être, les larmes aux yeux, a dit adieu pour jamais à l'ingrate patrie !

Les voyageurs pour Bougival, Chatou, en voiture !

Jules Vallès.

202

L'INCENDIE

On croit que le soleil se couche dans le sang, le ciel est écarlate. C'est peut-être une rébellion qui vient d'empourprer de son désespoir fou le bleu de l'horizon, se sont pris à penser ceux qu'affole le souvenir des guerres civiles. Mais, non ! — Il y avait encore au-dessus du brasier des révoltés une théorie qui battait des aîles, et le philosophe, même hostile, pouvait, en se brûlant les mains, trouver, dans la cendre des ruines, le grain roussi d'une idée.

Mais, cette fois, c'est le hasard bête, négligence privée ou imprévoyance publique, qui est coupable.

Devant ce sinistre de la Villette, personne ne songera, vous verrez, à ramasser les os de tous ceux qui sont morts déjà par le feu, pour bâtir avec cela une citadelle funèbre, dans laquelle sera tenu un conseil de guerre de citoyens ! décidés à tirer sur le *Coq rouge*.

Il a chanté sur trop de pierres et de chairs brûlées !

1ᵉʳ Juin 1883.

Il a chanté, sans que la science, qui depuis cinquante ans a signifié dans tant d'endroits à la nature, de ne plus faire la méchante avec l'homme, ait visé l'oiseau de malheur — sans que la République aux flammes tricolores, qui se prétend protectrice des faibles, ait songé à les défendre contre les responsables des grands désastres.

Les moyens de sauvetage connus feraient rire, s'il n'y avait pas tant à pleurer. Tout se borne à un drap sous les fenêtres pour recevoir une femme que la terreur a rendue folle.

On jette les armoires et les glaces par les fenêtres — c'est tout un monde d'économies qui se casse les jambes et les reins sur le pavé. Si le sinistré s'échappe, sa petite fortune reste estropiée et son ménage boitera maintenant pour toujours.

Puis ce sera le chômage, pendant tout le temps qu'on grattera les côtes charbonneuses de l'usine — et sur cette fournaise qui vit encore, ils ne pourront pas faire cuire une soupe de quatre sous, les ouvriers qui n'ont plus de travail et couchent à la belle étoile !

Il faut pourtant sortir de ce cercle de flammes qu'allume le hasard, ou le crime. Il faut d'avance s'armer contre le péril, et apprendre comment on le fera reculer, s'il sort d'un trou et s'il avance.

C'est ce qu'on n'a point encore fait et ce qu'on ne fera pas avant longtemps bien sûr ; mais ce qui ne se ferait peut-être jamais, si les journalistes ne poussaient des cris d'alarme comme des veilleurs de nuit !

Le vent emporte leur parole qui, à peine échappée, paraît s'éteindre. Heureusement, elle s'envole quelquefois haut et loin, tout comme l'étincelle de malheur, et met le feu, ici ou là, à une conviction ou une activité généreuse qu'on entend agir, le lendemain de quelque jour où le tocsin a sonné, appelant la foule à la chaîne, et où l'on raconte des histoires de pompiers tués par une poutre ou tombés du haut d'une échelle dans le brasier !

Puisque les savants et les édiles ne s'en mêlent pas, c'est à ceux qui n'ont comme outil que la douleur de leur émotion, d'élever la voix : l'occasion est bonne, en face des décombres fumants de la Villette au-dessus desquels flotte une fumée plus épaisse qu'au-dessus d'un champ de bataille fouillé tout un jour par le canon !

Comment nous y prendrons-nous ? Je ne sais. Mais si nous étions seulement trente dans chaque quartier à nous pencher sur la question, nous y verrions clair avant deux mois comme si le *Printemps* brûlait de nouveau.

Est-ce qu'à chaque maison qui naît on ne devrait pas imposer la voie de salut par les toits, avec la solidarité de la rue et des chemins en haut comme en bas pour échapper à l'incendie.

Un descenseur et un ascenseur destinés seulement à ces cas terribles coûteraient-ils si cher? En tous cas, la vie des gens vaut le prix qu'on y mettrait.

Même se serait le pauvre qui paierait; encore, toujours, on fait rentrer cet impôt dans la facture; le propriétaire grossirait d'autant la quittance de loyer, l'acte de bail. Mais il y aurait un grand danger de conjuré, et l'on verrait plus tard faire l'équilibre juste dans le monde du droit social.

Il faut bien le dire, le gouvernement, la Ville, hausseront les épaules... et les propriétaires riront, sûrs de la force et dédaigneux de nos angoisses.

Il y a plus, hélas! Si demain on trouvait le secret de l'incombustibilité pour le papier, l'étoffe ou le bois, qui nous assure qu'on ne jetterait pas le secret au feu — pour garder ce feu menaçant et futile — qui promet de l'ouvrage aux rebatisseurs, rafistoleurs, entrepreneurs, meubleurs, assureurs, et le reste!

Qu'on découvre un appareil miraculeux qui d'emblée tordera le cou au coq et fera la nique au fléau, il y aura des pleurs et des grincements de dents dans le pays de ceux qui ont des appareils déjà bâtis, passables ou mauvais.

Ceux-là qui feraient des pieds, des mains, des griffes pour empêcher que les concurrents ne triomphent et les ruinent, s'ils étaient bien avec les ministres, ils vaincraient et laisseraient l'incendie maître du terrain.

Il suffirait que la finance eût un gros

bonnet intéressé dans l'usine; elle casserait les pattes à l'animal de caoutchouc ou de fer qui, sous les vomissements de sa gueule, noierait les volcans ou qui, tenu en laisse et conduit par ceux déjà sauvés, emporterait sur son dos ceux qui allaient être léchés et dévorés par le monstre.

Voilà la vérité, sans compter que des hommes ont peut-être bien traîné pendant des années de la mort à incendie dans leurs poches, mais ils n'avaient pas l'argent pour prendre le brevet, cela coûte le prix d'un mois d'existence. Ils n'ont jamais eu un mois devant eux.

Il ne s'agit pas de désarmer par découragement et parce qu'on ne se sent pas protégé par les gouvernaillants.

Qu'on se ligue et qu'on s'associe! qu'on fasse campagne avec méthode et acharnement!

Oui, que toute maison, toute rue réclame au propriétaires, forcés de s'unir pour cela, un chemin de liberté tracé et connu en cas d'incendie!

Que, dès à présent, les habitants de chaque quartier créent eux-mêmes un comité chargé d'éventrer le terrain, et qu'il y ait une trouée et comme une carte de retraite, qui évitera le tohu-bohu de la déroute, si le feu livre bataille!

Dès qu'il attaque, tous perdent la tête.

Et l'on traite à mort et l'on crie au secours!

si les pompiers ne sont pas là, tout est perdu. Et quand ils viennent, ils ont à envoyer des grimpeurs reconnaître la place !

Ce sont eux qui renseignent la maison, la rue. Ils auraient dû trouver affiché sur un mur un plan depuis longtemps mûri et rencontrer déjà à l'œuvre les habitants organisés !

Mais ces braves gens, qui se conduisent si souvent en héros, portent eux-mêmes le poids de la tradition et entraînent le boulet sous la forme de pompes lourdes à traîner sur le pavé, difficiles à enlever surtout dans les ornières des quartiers pauvres !

Ils parviennent sur le lieu du sinistre, déjà las et essoufflés — ayant perdu de leur élan à ce métier de cheval !

Pourquoi n'avoir pas des pompes attelées et qui partiraient au galop foudroyant des bêtes ? Il faut voir passer cette trombe à travers une rue de Londres !

Pourquoi ? — parce que l'orgueil français à son pompon piqué dans un coin du drapeau, et qu'on préfère dans le jeu de la tradition chauvine perdre l'atout des chevaux et faire voler la furia française de ses propres ailes du côté du danger !

Jules Vallès.

La Banlieue morte
(Le Départ pour la Mer.)

Il est entendu qu'on s'enfuira vers la mer ou les bois, le lendemain du jour où a été connu le Grand-Prix. Les sabots du gagnant ont battu sur la piste le roulement sourd du départ ; quiconque a des rentes — ou prétend en avoir — fait ses malles, endosse le pet-en-l'air de voyage, ferme les fenêtres et file sur l'étranger, la province ou la banlieue : Ville-d'Avray, Trouville ou San-Remo. On va boire de l'air ou du lait frais pendant toute la saison feuillue et fleurie, jusqu'aux derniers jours de septembre. Les arbres perdront leurs cheveux, les Parisiens laisseront repousser les leurs, et reprendront le chemin de la ville, avides de sentir sous leurs pieds, non plus la terre qui s'écroule et fume sourds aux coups du soc ou de la bêche, mais le pavé, le grand pavé de Paris, d'où sont sortis tant de légions d'idées et aussi tant de moissons de combattants ! On sera tout heureux de rentrer dans le camp !

Mais on se sera refait, lavé, lavé à grande brise ou à grande eau ! Sains pour les cervelles et pour les cœurs ces bains de nature !

8 Juin 1883

Le Parisien, plus qu'un autre, a besoin de ces plongeons-là. Il n'a pas des squares éparpillés par milliers comme l'habitant de Londres qui a su mettre partout de l'herbe et des arbres pour faire échec à la tristesse du ciel, comme on accroche des lunettes vertes sur les yeux qui voient sombre.

Mais quelques privilégiés seulement peuvent s'échapper et courir la campagne ; le million de travailleurs est enchaîné près des machines, aux fourneaux pleins de braise : dans les bureaux, au travail assoupissant, en une atmosphère fade et lourde !

Jamais quinze jours d'évasion, à moins que l'ouvrage ne manque, auquel cas les vivres manquent aussi, et l'on n'a pas à emporter sur l'herbe le dîner cuit à la maison, parce qu'à la maison on vit de croutes et l'on boit une chopine à quatre dans sa journée.

Le peuple s'est, par force, porté du côté des larges espaces, à l'extrémité des faubourgs, les loyers étant moins chers.

Il se trouve même que Paris fait juste le contraire de Londres, où les ouvriers restent captifs dans les frontières urbaines, tandis que les gens qui ont des habits et des appointements de bourgeois demeurent dans la campagne, loin de la cité.

Mais Montrouge ou Levallois, la Chapelle ou le fond de Grenelle, quoique regardant du côté des champs, ne sentent que le sable et la poussière. Il y a des semblants de jardinets, des semblants

d'arbres. Il y pend, hélas, plus de guenilles qu'il n'y pousse de feuilles, on met
les hardes à sécher sur les branches, qui
ne versent point d'ombre ; pas de souffles
frais qui fassent palpiter la blouse sur
le dos et palpiter aussi des espoirs dans
le cœur !

La vie est morne et plate dans ces
pays crayeux, sans couleur comme la
terre ; jamais un ruban d'eau, à moins
que le long de quelques masures se
traîne un flot sali par les teintures, une
tache d'huile violacée dans laquelle ne
peut s'enfoncer un rayon de soleil.

Il y avait la Barrière autrefois ! C'était
le dîner bon enfant, sous une tonnelle
poudreuse, mais qui avait encore son
parfum d'orties et qu'égayait d'ailleurs
la tonnelle voisine.

Deux misères, qui se touchent du
coude, se lorgnent ou s'entendent à travers une dentelle de vigne fanée, ne sont
plus sombres et tristes au bout d'un
quart d'heure ; après un litre, ces buveurs pauvres étaient riches de la gaieté
commune ; il y avait, dans les petits cabarets ou chez les grands Richefeus, un
tapage de joie et une explosion de chansons.

On se servait soi-même ! on allait au
guichet de la cuisine, où trônait le chef
couronné de blanc, commander et enlever la portion brûlante : le veau braisé,
le lapin sans tête.

Entre les tables passaient les marchands de verdure ou de coquillages :

— Qui veut la noisette, la moule!

C'était comme une fête, même comme une foire, à deux pas du labeur pénible.

Le jour où les grilles d'octroi furent arrachées du sol pour être transportées loin, trop loin, on arracha aussi des flancs de la Ville un plant de grosse gaîté qui n'a pas refleuri.

Il restait les environs, ces environs où nous avons vu les endimanchés partir, essoufflés et turbulents.

Mais si nous les suivions jusqu'à l'arrêt du train, jusqu'au point de banlieue où la caravane descend, où la Smala pousse des cris de Robinson arrivé dans le nord de l'île, reconnaîtrait-on les routes par lesquelles on rôda insouciant et le cœur libre!

Sur le bord de la rivière ou de la forêt se tenaient jadis les sentinelles au chapeau de feuillage, les tambours majors à plumet vert, qui, comme le planton devant la porte du colonel, montaient leur faction à l'entrée des villages, indiquant le chemin aux vagabonds.

Ici était ce bouleau couleur d'argent; il dominait un rocher qui coupait la route. Là était un marronnier dont la peluche tombait sur les tignasses! On avait dansé sous son pavillon vert.

Morts tous deux! Morts le marronnier et le bouleau. Cent autres encore, massacrés, tués par la hache ou le canon! Pour n'être pas ceinturé par le lutteur

allemand, Paris faucha et abattit tout
ce qui pouvait gêner son regard et son
geste, dans le champ-clos du morne combat. Les sapeurs scièrent leurs pieds, à
ces arbres. On fit brûler leurs troncs
pour réchauffer les doigts grillés par le
froid du fusil. Ce furent les obus qui al-
lèrent se perdre et siffler, en se cassant
les ailes, dans les têtes de chênes coupées
en fagots.

La guerre, l'horrible guerre décima
les bois et fit sauter les ponts, ceux par
où passait, aux jours de fête, la bonne
humeur de Paris, mais par où il fallait
que le Prussien ne passât pas !

L'année 1871 fut terrible pour les arbres
comme pour les hommes.

De quelque côté qu'on se tourne, les
cicatrices mâchent le sol et l'on croit
voir dans le ciel comme de grandes places nues.

Il y avait là une cime, qui a disparu,
bouquet énorme porté par un géant.
La canonade et le génie ont passé par là.
Tout ayant été ravagé, déraciné ou fou-
droyé, la nature ne s'est pas encore
remise de ses blessures.

Il me semblait l'autre jour que j'ac-
complissais un pèlerinage de deuil, alors
que j'avais cru entreprendre une excur-
sion dans les aubépines. Je me suis figu-
ré plus d'une fois que j'avais les pieds
dans la terre du champ de bataille de
Waterloo. Les maisons ressemblent à la
ferme d'Hougoumont, toute balafrée et

trouée, au fond d'un puits où était enchâssé à cent pieds de profondeur un miroir d'eau claire, je me figurais [entendre monter des soupirs de blessés jetés là-dedans tout vivants, tout comme du puits qu'on montre là-bas et qui servit de tombeau le soir de la défaite.

Pour longtemps encore la ceinture de Paris aura sa frange de crêpe noir, et il faudra faire deux fois plus de chemin qu'au temps passé pour se trouver dans l'herbe haute et sous les grands arbres. La zone de guerre s'est élargie et a mangé la zone de fête.

Les heureux seuls peuvent aller dans quelques coins sauvés où ne s'accroupirent pas des postes allemands, ils peuvent tendre contre les souvenirs de l'invasion un rideau de feuilles et de fleurs. Ils ont aussi, au bout de trois heures de train, les plages au sable d'or, semé de perles vivantes détachées du collier de luxe et d'élégance de Paris.

En entendant rouler les voitures qui les emportent vers le plaisir ou dans le calme, je songe à ceux qui ont juste comme liberté, par le soleil ou la neige, la longueur de la courroie qui attache les chevaux au piquet ou l'esclave à la meule !

La sonnette du train pour Trouville a tinté. En wagon, les voyageuses à dentelles, les pschutts à boutons de diamants !

Toi, l'ouvrier, le pauvre, la bête de fatigue, resserre ton pain, ferme ton

couteau, ramasse tes jambes et presse-toi,
car la porte de l'usine va se fermer, et tu
sais bien que c'est la famine si tu n'a
pas le droit de revenir demain dans cet
enfer! Ecoute donc la sonnerie de ton
bagne. A la cloche, Jacques Bonhomme!

Jules Vallès.

LA FOIRE DE NEUILLY

Le grand syndicat des saltimbanques enrichis marche-t-il ? Ont-ils laissé la porte ouverte aux isolés et aux pauvres, comme je les en ai priés ?

Je l'espère, car ce ne sont point de méchantes gens, et ils ont des têtes de patriarches plutôt que d'irréguliers, ces forains, qui ont aboyé sur toutes les places publiques de l'Europe, ont fait embrasser par leurs singes des reines de tout pays, en fonction ou en exil, qui roulent éternellement leur bosse ou celle des autres à travers le monde.

Le malheur est que tous les parvenus, même d'excellent cœur, prennent orgueil de leur triomphe ! Du haut du petit cheval savant ou du grand chameau favori, du haut de la machine à vapeur qui siffle dans un coin, on jette un regard de protection dédaigneuse sur les malechanceux qui en sont encore aux tours de gobelets et aux sauts de carpes.

15 Juin 1883.

Comment ne seraient-ils pas aveuglés par la poussière d'or qui danse autour de leurs caravanes magnifiques ; et n'est-il pas permis d'oublier ses origines, quand on peut remiser ses voitures et ses décors contre le mur d'une maison bâtie en vraies pierres, qui ont fait mentir le proverbe et ont amassé de la mousse.

Du côté de Montrouge, je connais des décorés du ruban rouge et du ruban violet qui sont les locataires d'anciens professeurs de magie blanche et d'anciennes somnambules. Plus d'une fois même il est arrivé que ces locataires ont dû demander du temps à leur propriétaire, qui avait pour pantoufles les anciennes bottines à peau de lapin, et afin de le séduire ils ont dû saluer les médailles de baraque qui étaient pendues contre la muraille !

J'ai déjà signalé cette fin de la bohême, mais l'envie d'en reparler m'a repris en rôdant hier sur l'emplacement de la foire de Neuilly.

Un attelage de huit chevaux venait d'amener le matériel de je ne sais qui, et les pauvres bêtes soufflaient, tant elles avaient eu du mal à traîner cette fortune montée sur roues, et la foule ouvrait de grands yeux, en face de ce formidable déménagement.

Les arrivages se sont succédés tout le jour, une locomobile à foyer rouge geignait et beuglait pendant ce temps-là.

Elle doit être, elle aussi, de la bande, et servir, comme les machines de la grande culture, au labourage du vaste champ de la badauderie parisienne. Mais la vanité de ces enrichis a son excuse et peut s'abriter sous un pavillon : le pavillon de la science.

Regardez cette verrerie, cuire le verre et les hommes devant vous ! — Voyez l'enfer de cette houillère et ses damnés !

Vaucanson est ressuscité pour monter l'escalier de ces baraques et glisser la vie des automates sous les jupes des *Jacquelines* qui sonnent la cloche ou battent le beurre à la porte des musées vivants. Edison a prêté son génie.

Il faut maintenant cent mille francs pour avoir pignon sur rue dans le pays des saltimbanques, parce que le mécanisme a tué l'excentricité ou est seul chargé de la faire valoir, parce qu'il faut un budget de laboratoire plus fort qu'un budget de lycée pour étudier la mise en train et entretenir la marche des trucs nouveaux.

Bidel et Pezon ramasseront un million en faisant de l'acclimatation ou de la zoologie en habit de dompteur, tandis que Cocherie, Marketti et autres appelleront physique et anthropologie à leur aide pour leurs expériences électriques et leur triage de monstres. Ils jouent gros jeu, sans doute, avec les lions qui se fâchent parfois et la pluie qui tombe souvent, tuant les recettes comme la grêle tue les blés. Mais ils ne *peinent* pas autant que le disloqué ou l'hercule, qui n'arrivent pourtant jamais, ceux-là, à s'enrichir par leur travail, pas même à gagner leur vie.

Ce n'est pas le travail — disons-le et redisons-le — qui enlève le boursicot à la force du poignet, là pas plus qu'ailleurs.

Un seul homme fera de l'argent sans avances ni gros matériel gros comme lui à la foire de Neuilly. C'est Marseille jeune — et Marseille jeune ne mettra pas la main dans la sciure de bois. Il ne fera pas le coup de la *chancellerie* fertile en hernies — il ne sera pas ceinturé à en avoir les côtes qui craquent, il n'aura pas la tête tordue entre les bras de l'étrangleur ! Il n'a pas besoin de donner, pas même de faire donner les autres. Il a la *vogue* et c'est assez.

On ira chez lui pour voir un beau gars jongler avec les poids en ayant l'air de les brutaliser, les femmes ôteront leurs gants pour applaudir et aussi pour sentir sur leur peau la sueur de ce mâle quand il fera la manche — il maltraiterait leur chair blanche aussi bien — et ce ne sont pas des sous mais des pièces d'argent qui s'engouffreront dans la tire-lire de fer bossuée et salie — quelque louis d'or tombera dans le fond sans faire de bruit, parce qu'il sera roulé dans un papier qui portera une adresse avec l'heure d'un rendez-vous.

Enterrés les passionnés !

Le temps n'est plus où Albus, qui
avait sa baraque d'un côté où n'allait pas
la foule, venait se planter devant la baraque de Carcassonne, plantée au bon
endroit, demandait un caleçon et une
lutte à mort! On viendrait peut-être
chez lui, quand on aurait vu comment il
réglait les autres. Cent francs d'enjeu! Il
bondissait sur les tréteaux, suivi d'une
foule haletante qui avait envie de voir
se tuer ces deux hommes! On abandon-
nait les bagatelles du début pour faire
place d'emblée à Albus, qui commençait
à rouler, comme poisson dans la farine,
un nègre, qu'on relevait, la face barbouillée de jaune et plaquée de sang;
puis il sautait sur Carcassonne, le cham-
pion; et, comme il se sentit faiblir, à
un moment donné, prit une oreille
entre les dents et l'arracha. On la porta
au tribunal dans un verre, et on la montra pour deux sous dans les foires, quand
Carcassonne fut mort, mort d'amour,
quelques semaines après!

Assistera-t-on jamais à un combat comme celui qui eut lieu entre Faouët et Vin-
cent, et où M. Alexandre Dumas fils fut
choisi pour un des juges. J'ai vu des
rencontres à l'épée — même au fusil —
je n'ai pas été plus ému que devant cette
bataille de goujats. Ce n'était pas une
bataille, c'était mieux que cela: une
campagne, qui dura une heure, avec des
coups de force gigantesques, des défenses
lentes, pesantes, épuisantes, — résis-

tances qui cassaient les bras ; audaces
qui menaçaient de crever les poitrines !
Ils avaient non seulement la passion du
gain, mais l'amour de la gloire, et ces
deux brutes, braves gens d'ailleurs, faisaient honte aux héros d'Homère.

A propos de tous les arts, on crie à
l'envi que la Foi est morte. Ensevelie la
poésie, marchande la peinture, vendue
la politique. On peut dire aussi que la
Foi a quitté le Forum banquiste, et que
les convictions se sont enfuies en traî-
nant la patte, quand les gros bataillons
d'écus ont *donné* avec l'artillerie scientifique mugissante au milieu du camp,
sans qu'il fût besoin d'amuseurs en
maillot usé pour attirer le monde ; quelques paillasses, placés en sentinelle à la
porte suffisent.

En un mot, ces baraques doivent avoir
des airs de théâtre à présent, et je ne
serais point étonné que le syndicat des saltimbanques achetât un jour l'Opéra à son
compte ; point trop surpris non plus si,
un beau matin, c'était le fils d'un mon-
treur de nains qui devînt directeur de la
Comédie-Française.

J'en sais un, né dans le voyage, bercé
dans l'entresort, qui a déjà gagné un
nom, tandis que son père continue à
exhiber des petits Poucets. Il sera, ce
soir, à Neuilly.

Ils vont au lycée, les fils des forains.
Ils passent bachot et licence.

Ce n'est peut-être pas ce qu'ils font

de plus malin. Leur ancêtre Léonidas Requin s'en trouva mal. Il est vrai qu'il était bête à concours et sans le sou. Maintenant qu'ils sont riches, ils peuvent perdre leur temps à apprendre des inutilités, leur diplôme ne devant plus être un gagne-pain, mais un passeport dans la Société, la sso-ciétté, comme dit leur pître Bêtinet, Bête en tout, Propre à rien.

Ce sont les anciens préfets qui tombent dans la caravane, et les rejetons de saltimbanques qui entreront dans les préfectures. Saltimbanques pour saltimbanques, ceux qui ont couru les foires valent ceux qui courent les antichambres ! Ils ont au moins appris à compter avec Munito et pourront causer médecine avec le docteur de l'endroit, pour avoir étudié les fœtus dans l'eau-de-vie ! En électricité ils en sauront plus qu'un chargé de cours de province !

Que cette constatation neuve de la science accompagnant la Banque en marche nous console de l'originalité perdue, et que les faibles disparaissent, tout curieux qu'ils étaient, si cette disparition de monstres— *à trois sous par personne, deux sous messieurs les militaires —* sert à montrer le monstre de la civilisation nouvelle, tel qu'il est, et demandant à être attaqué avec l'outil, si possible, plutôt qu'avec le sabre !

JULES VALLÈS.

224

Le Jeu-de-Paume.
(Le Livre de Leverdays.)

Sans doute, les républicains ont le droit de faire des processions aux dates fixées par leur catéchisme — les enfants d'une race aiment à aller du côté où fut leur berceau, surtout s'ils sont restés petits, alors que les origines semblaient promettre des grands gars.

Pas bien hauts ceux qui prenaient hier la parole après Mirabeau, et ce sont des miniaturistes et presque des peintres de foire qui auront à ramasser le pinceau de David, s'il y a commande de reproduire sur toile la séance du 20 juin 1883 !

Je ne fais le procès de personne, je n'attaque pas M. Ferry qui n'aurait pas été un lâche dans l'assemblée des Jacobins, ce robin entêté qui mit son chapeau en bataille aux jours de grabuge. Je ne compare pas les vivants aux guillotinés. Je préférerai toujours ceux qui respirent, fussent-ils des nains, à ceux qui sont sous terre, les eût-on appelé des géants.

Au lieu d'attraper le torticolis à retourner la tête, mieux vaudrait devenir aveugle en marchant droit, les yeux sur le soleil.

23 Juin 1883

Laissons dans le cimetière le troupeau des ombres, fantômes de tant d'espoirs blessés dont le suaire de gloire est troué de coups de sabre et tout maculé de sang. Les conseils de guerre, les cours martiales, les tribunaux de prévoté de l'année terrible, sont-ils si loin de cette salle du Jeu-de-Paume où la bourgeoisie naquit comme puissance politique ?

Combien trahirent la Révolution parmi ceux qui prononcèrent le fameux serment, combien léguèrent à leurs fils la mission d'assassiner le peuple, qui les avait aidés contre le Roi, mais qui à son tour demandait secours contre la faim.

On commence 'à dire, on sait déjà ce que contenait dans les flancs cette assemblée, qui avait parlé si haut et avait eu le geste si fier, parce que ce fut une nature de rebelle, un déclassé qui se leva au nom des réguliers et tendit sa parole et son bras comme une épée contre des baïonnettes, qui ne vinrent pas !

N'ôtons pas trop tôt notre bonnet devant les parlements, même celui-là. Si quelquefois ils firent grand, c'est que le peuple les avait juchés sur son poing et les élevait au-dessus du niveau de leur classe, poupées qui prenaient des airs de divinité guerrière, parce qu'on les promenait avec le drapeau au-dessus du tumulte.

Lisez un livre qui vient de paraitre, les *Assemblées parlantes*, et vous verrez ce qu'il y a au fond des Parlements, ou plutôt vous saurez ce qu'il y a derrière eux. L'auteur vous les montrera poussés souvent à coups de pique ou de faux par une minorité qui paraît être la queue, et qui est la tête.

Ils n'étaient connus que dans leur district et le cercle de leur section, ceux qui furent l'âme de la Révolution française. Ce ne sont pas les parleurs dont on a salué la légende qui sauvèrent la patrie. En tous cas ce ne fut point eux qui plantèrent dans le sol le pieu social, autour duquel on se bat depuis un siècle

Les défroqués gardent toujours de la soutane qu'ils ont portée le pli et l'odeur.

Parmi les parlementaires fameux de la fin du siècle dernier, les plus célèbres ne purent chasser l'odeur et le pli de la toge romaine ou de la tunique de Sparte, ces deux Républiques dont on ne connaît que le chauvinisme de fer et l'état-major de marbre, ne nous lassons pas de le dire. Pour être restés droits et calmes dans ces habits volés aux morts, quand eux-mêmes moururent, ils n'en eurent pas moins les vices d'esprit et de cœur des ensoutanés! Ils ne créèrent rien, se contentant de couler des décrets rouges dans la matrice de la monarchie.

C'est du fond des douleurs obscures, des réflexions modestes, des convictions têtues, que sort, murmuré tout bas au coin des carrefours, le premier mot d'ordre des révolutions. C'est un régiment d'anonymes qui prépare les renversements d'empire et accouche les idées de justice, dans l'ombre, — quitte à changer le forceps en glaive, au grand soleil, quand l'enfant y aura sa place et qu'il s'agira de le défendre contre ceux qui veulent l'égorger. On est connu de quelques douzaines d'hommes, quand on fait ce métier. On y perd ses sous, si l'on en a, sa santé, toute sa vie, mais on y gagne la connaissance de la vie vraie, menée par le million des pauvres; l'œil reste clair et la main devient sûre pour fouiller dans les plaies publiques, et voilà que tout d'un coup, on écrit une œuvre comme celle de Leverdays, logique, passionnée, éloquente par les faits, éloquente aussi par les mots — ils ont de la couleur, les écrivains qui ont trinqué avec les gens de travail.

Leverdays? Ce nom destiné à vivre à côté de celui de philosophes politiques, qui le connaît en dehors de vingt camarades vivants, maintenant que sous terre, les vers en ont fini, depuis douze ans, avec ceux qui furent de la Corderie et qui, pour cela, furent de l'hécatombe; la Corderie, une assemblée sans tribune dont on ne connaît pas la vie obscure, qui fut pourtant la mère de la Commune, et dont l'histoire est à écrire. Comme on aurait souffleté avec les feuillets de ces annales plébéiennes la renommée des morts et des vivants en pleine salle du Jeu-de-Paume!

Mais, pendant que M. Ferry faisait son discours, n'a-t-on pas entendu à un

moment un coup de sifflet couper sa ha-
rangue, un coup de sifflet strident, aigu,
qui déchirait l'orgueil de l'acteur, la
trame de la pièce et aussi les longues
oreilles baissées devant le président du
conseil en signe de respect et d'admiration?

Une locomotive, lancée à fond de train,
n'a-t-elle pas joué de sa grosse voix le
rôle de l'insulteur romain sur le passage
des gens allant au Capitole!

« De quoi parlez-vous donc? Vous en-
flez des phrases comme au temps de Ci-
céron, vous parlez liberté, vertu, comme
en 1788, et vous ne parlez pas de moi qui
suis venue écraser tout sous mes roues,
qui fais de la chair à pâtée avec toute
votre politique de l'autre siècle, et broie
sur mes rails, comme vieux tombés là de
faiblesse ou de faim, vos *immortels prin-
cipes*! Ne voyez-vous pas que j'ai boule-
versé l'humanité et couvrirai de mon
tonnerre le tonnerre des Mirabeau passés
et à venir? N'entendez-vous pas les san-
glots ou les blasphèmes de ceux dont j'ai
pris la place, dont j'ai cassé les bras avec
mes bras d'acier, dont j'ai brûlé la vie
avec les charbons de ma fournaise?

Vous pérorez dans une rue de Versail-
les, et vous pleurez des phrases sur des
gens, qui n'ont plus, il y a beau temps,
de bouche ni d'oreille, au lieu de me
suivre dans une course et de voir le mal
que je fais, moi qui croyais être née pour
faire le bien, qui voulais tuer non pas le
travail mais la peine, qui croyais trans-

porter du pain pour tous, et qui traîne vec moi la famine et le malheur. Le squelette de la mort est debout à côté du chauffeur sur mon plancher !

C'est ce malentendu, cette contradiction, ce rôle de bourreau où je suis tombée, qu'il me faudrait étudier, les fouiller, à s'en user les yeux, voilà de quoi il faudrait parler à s'en user la langue !

Ils n'ont pas entendu, ils n'entendent pas.

C'est pourtant vrai que la vapeur a changé la face du monde et que la science est devenue la complice des exploiteurs, accapareurs, affameurs, et le mal dévore les entrailles de la patrie. Il faudra égorger encore un de ces jours, vous verrez, et habiller Malthus en assassin d'hommes au lieu de le laisser vêtu en tueur d'enfants.

Telles sont les impressions que m'a laissées la lecture des discours nasillés au Jeu de Paume, la peur de l'éloquence vide, la douleur en face du peuple dupe et victime, — mais aussi l'espoir en lui. C'est dans sa tête que les idées poussent, et qu'elles mûrissent. Il saura trouver le remède à son mal. Mais quand ? Et qui sait si les soldats ne tueront pas ceux qui ont planté l'arbre !

En attendant, les héritiers de 89 n'auront qu'à le secouer et à parler en rond, pendant que les fruits tombent !

JULES VALLÈS.

Les Femmes d'émeute.
(Condamnation de Louise Michel.)

A ceux qui disent que Paris est le cerveau du monde, Paris réplique qu'il est plutôt le cœur de l'humanité. C'est pourquoi il est le maître de l'histoire et pourquoi les peuples, comme les empereurs, ont les yeux sur lui.

On en serait encore aux anges et aux rois de la Bible si des cris d'émotion et de douleur n'avaient retenti en face des églises et des camps, la défaite étant d'avance certaine, certaine aussi la honte et la malédiction.

Il y eut pourtant des rébellions, parce que les femmes étaient là; ce sont elles qui avaient conçu dans leurs entrailles ces enfants morts, c'était leur bouche qui avait sonné le clairon. Qu'on regarde en tête des bataillons sans cadres, en avant des compagnies sans capitaine qui marchent dans l'histoire contre les régiments de réguliers, on trouvera toujours un bonnet et une coiffe. Les hommes sont sûrs d'être foudroyés ou lardés derrière elles, mais le gant d'une de ces vivandières de l'armée de la faim a été jeté contre le ciel comme un défi, et, devant ce gant troué, il y aura le défilé des misères en armes.

26 Juin 1883.

Les députés de 89 voulaient rester
corrects, et garder le rabat du rabin, sinon celui du prêtre, sur leur manteau de
dissidents. Mais quelques commères du
peuple, même quelques filles de ces bourgeois descendirent dans la rue, prises du
vertige de la pitié ou du mal de la faim,
et les protestations conduites par elles
firent des petits qui burent, comme au
biberon, le sang de l'échafaud.

La sensibilité féminine a toujours une
déchirante éloquence, même sur les lèvres de celles qui sont ivres d'orgueil et
deviendront gourmandes de massacres.
Mais quand on a affaire à des créatures
qui sont des saintes à leur façon, malheur à qui les frappe à coups de mas-
sue !

Aveugles et niais ceux qui croient que
l'on prend le chemin des révoltes par
amour du tonnerre et envie de sentir la
poudre — qui, au rebours de la légende,
empeste au lieu d'embaumer, j'en appelle
à ceux qui l'on reniflée tant soit peu. Il
faut en être arrivé au désespoir, pour soi
ou pour les autres, alors on descend de
sa mansarde ou l'on sort de son taudis,
on quitte sa bibliothèque ou son établi ;
il n'y a plus d'ouvrage, plus de justice, plus rien sur le pavé ni à l'horizon,
et la guerre civile commence !

S'il est resté dans les têtes le souvenir
d'une femme meurtrie et torturée pour
avoir marché avec les pauvres, le combat
prend un caractère terrible, son sexe
veut la venger. La Révolution peut alors

rompre avec la guerre classique et s'égarer dans les chemins où l'on tue sans jugement, comme on s'y défendra sans merci.

Il faut penser à cet avenir quand on prend le glaive de la Loi par la pointe pour assommer avec le pommeau, comme avec le maillet qui tue les bœufs, une tête féminine où vibre la flamme d'une conviction!... Elles peuvent être laides celles qu'on frappe ainsi. On ne cherche pas la beauté dans les traits des blessés, ni l'harmonie des lignes sur un masque balafré de souffrance.

Il ne faut donc toucher qu'avec précaution à ces fronts-là de vierge ou de commère.

Quand une faubourienne, un soir d'émeute, mettra au bout du fusil de son homme, comme une enseigne, le sabot de la réclusionnaire Louise Michel, la société n'aura qu'à se garer la face.

Elle court risque d'avoir le nez et le crâne cassés, sans que ceux qui ont l'horreur du sang et l'effroi des rencontres féroces puissent arrêter les bras et guérir l'hystérie de colère provoquée par le souvenir de la suppliciée. Pendant ce temps, l'idée peut rester perdue dans la fumée, comme une lune rongée par la nue...

Ce serait si simple pourtant! Au lieu de rendre fatales les représailles, il n'y aurait qu'à laisser libres les semailles. Le monde ne serait pas changé et le

sort des pauvres bouleverse, c'est entendu ! Mais on aurait passé les théories
au crible, trié les grains de blé et les
grains de folie, on aurait étudié le mal.
et il n'y aurait plus qu'à le guérir, on
saurait d'où vient l'écume des crises et
l'on filtrerait le sang des victimes et des
bourreaux.

Si des journaux, des livres avaient
traîné les gens devant la gueule de l'a-
bîme, ils auraient réfléchi avant d'y pré-
cipiter l'honneur, la liberté, la vie de
ceux qui prétendent que dans le fond de
la foule, il y a des douleurs par troupeaux, et qui, quand ces troupeaux sortent, les suivent.

Regardant, ce matin, la date au calendrier, je voyais que nous en étions au
jour anniversaire du dernier assaut livré pendant la bataille de juin, et je me
demandais quel pas avaient fait faire à la
patrie et à la République les vainqueurs
en chapeau de général, en habit de représentants, et si les honnêtes gens qu'il
y avait parmi eux n'auraient pas une
sueur de honte, à compter sur leurs
doigts les éternels massacres d'hommes
et étranglements d'idée, sans que les
crimes aient en rien profité à leur
cause.

Y a-t-il plus de quelques milliers
d'hommes qui aient bénéficié de ces tueries publiques, et de la peste de misère
dont meurt le peuple des travailleurs?
Et croient-ils que leurs victimes ont

coupé l'aile à l'oiseau des batailles ?

Au lieu de vivoter piteusement entre les hécatombes sur les décrets de sang, les lois de fer et les ministères de carton, si l'on eût laissé le champ ouvert à tous les arracheurs d'ivraie, à tous ceux qui pouvaient remuer le sol avec leurs outils de savant ou de philosophe, d'écrivain ou d'artiste aussi, on n'en serait plus à la même haine et ce ne serait plus la guerre, ou bien elle se déciderait en bataille rangée, où l'on connaîtrait les cibles comme les drapeaux.

On est toujours dans la nuit, et il se trouve encore des hommes pour dire sur le tombeau même d'un vaniteux qui est mort de ce mot-là, qu'il n'y a pas de question sociale! Ils demandent aux juges la centrale pour une femme qui a pris des mains d'un affamé un manche à balai autour duquel on avait noué un haillon noir!

Pas de question sociale, dites-vous, mais il y a en tout cas une question humaine, et dans Paris elle est debout et vivante depuis l'heure de la condamnation.

Mauvais point pour les tribunaux, quand devant un verdict ce n'est pas l'éclair de l'indignation, mais un murmure de tristesse qui court à travers la foule. Paris a pitié de ceux qu'on accable, et je vous le redis, il n'oublie pas et ne pardonne point qu'on ait voulu supplicier

une femme. Ainsi est faite cette ville,
messieurs les jurés, messieurs de la
cour !

Jules Vallès.

Maladie du Comte de Chambord.
(L'Argent Roi.)

Le roy est-il mort, mourant, ou prêt à ressusciter ?

Le lys va-t-il refleurir sous les flots d'eau bénite versée au son des cloches ?

On ne sait au juste. Mais ce qui est sûr, c'est que l'enterrement, s'il avait lieu demain, à travers les rues mêmes de Paris, ne soulèverait pas un nuage de poussière rouge dans le fouillis des bannières blanches.

Chacun le dit — les républicains tout haut, les monarchistes tout bas. On devrait ajouter qu'il ne sera désormais donné à aucun homme d'effrayer ou de désoler la patrie par sa disparition, et que les individus ne pèsent plus sur les destinées d'une nation.

L'ensevelissement du dernier représentant d'une race royale, la belle affaire ! A peine la restauration d'une monarchie serait quelque chose !

6 Juillet 1883

Le mannequin en manteau brodé de fleur de lys serait une insulte vivante à la foule, mais ne lui commanderait pas. Personne ne commande plus ! et il faut fouetter avec les draps mêmes du lit où le prétendant a agonisé, les routiniers jeunes ou vieux qui, étant appelé les chefs de la République, se figurent qu'ils la conduisent !

Ceux qui ont étudié tant soit peu les dessous de la haute banque et de la grande industrie haussent les épaules devant les myopes qui, ne voyant que la surface des choses et les étiquettes collées dans le dos des gens, peuvent regarder comme une grosse chance à l'acquit du progrès, l'extinction d'un héritier royal, et se frottent les mains tout fiers, parce que des ministres tricolores en pet-en-l'air banal ou portant des favoris de garçon de café occupent la place qu'eût tenue un Bourbon.

Sans doute, c'est un embarras de moins sur la route des gouvernants.

Et encore eût-il mieux valu peut-être pour ces gouvernants-là qu'ils eussent une tête de Turc à toujours frapper et qu'ils pussent évoquer sous la forme d'un gros homme boîteux et inoffensif, le spectre blanc, pour faire pendant au spectre rouge. Les hommes sans idées vivent accrochés à la chemise de ces fantômes.

Mais la mort de l'un ou de l'autre ne fait ni chaud ni froid, dans l'atmos-

phère où se débat la France d'aujour-
d'hui.

Et il y a longtemps déjà qu'il en est
ainsi.

Je prends l'histoire d'il y a trente ans
et je cite un exemple tragique :

Louis-Napoléon Bonaparte sautant à
la gorge de la République, chassant les
députés à coups de pied et écrasant les
résistants à coups de canon, se croit le
maître de la situation et du pays. On
croit qu'il l'est ! Les vaincus le maudis-
sent, le visent et font bien. Mais si Cavaignac eût été élu président à sa place,
si seulement un général eût en décembre barré le chemin à sa trahison, ceux
qui auraient crié au sauveur le soir du
coup d'Etat vaincu auraient crié au traître, un mois après, au cas où le soi-
disant libérateur n'aurait pas fait, sous
l'enseigne de la République, ce que Bonaparte fit sous la couronne d'empereur.

La société voulait quelqu'un qui con-
tînt le flot de l'Océan, qui arrêtât la
marche du peuple, et Cavaignac ou Ra-
mollot eussent dû despotiser avec des
mines de libérateur; despotiser, oui, ou
recevoir leur compte et être mis au ren-
cart.

La bourgeoisie républicaine ne pardonna pas à Bonaparte de l'avoir jouée,
humiliée, proscrite. Elle avait montré
même sa colère, le fusil au poing, tout
comme un troupeau de faubouriens, ex-
cusant d'avance le communalisme, quand

il se leva pour qu'on ne tuât pas la République. Mais elle avait préparé, sans le savoir, l'usurpation sanglante, et elle devait, — consciente peut-être cette fois et tout bas convertie, — consolider l'usurpateur ! — par cette raison qu'elle s'enrichissait maintenant dans le silence imposé par l'Empire. Elle s'engraissait dans son esclavage, tout en se plaignant d'en souffrir, se faisant reconduire aux carrières, s'exposant à la prison, cherchant la lutte, s'alliant avec Cassius le maigre, en attendant qu'elle le condamnât à mort, lui aussi, dès qu'il toucherait à la question sociale qu'il fallait écraser, qu'on s'appelât Cavaignac ou Napoléon.

L'argent étant devenu tout, le reste peut s'agiter : qu'importe !

Les médailles des députés ministres, même des députés tribuns, jetons de cercle pauvre, à côté de ces autres médailles jaunes qui s'entassent par millions dans le coffre-fort des banques.

Toutes les lois et tous les décrets, bons ou mauvais, faufilés à la suite les uns des autres, quelle marge misérable à la liasse géante des billets de banque qui usent les pouces des caissiers chez les Rothschild ou les Lebaudy !

Ils font épingler cela avec un sabre ou une épée, pour que le souffle des pauvres ne les disperse pas; mais l'épingle est prisonnière du papier, et les hommes d'armes, pas plus que les hommes de tribune, ne peuvent faire la loi et commander à un riche.

Ils sont payés sur cette richesse et sont naturellement portés à la défendre. Ils ne le voudraient pas qu'ils seraient sabrés par d'autres et étouffés entre les pages des grands livres, cloués là par le ventre comme des papillons dans un herbier.

La présence ou l'arrivée de tel ou tel au pouvoir ne signifie rien, s'il n'apporte quelque chose de nouveau dans sa serviette, s'il ne se décide à laisser s'enregimenter, mais solidement, pacifiquement, la pauvreté courageuse du grand nombre pour tenir en échec la fortune insolente d'une bande, — mettant de son côté, ce jour là, non pas seulement ceux qui mangent la miche des faubourgs, mais ceux qui grignotent le petit pain de l'employé, non pas seulement ceux qui vivent dans le grand domaine de l'idée jusqu'ici toujours menacée, mais ceux qui agonisent dans le petit commerce depuis vingt ans frappé au cœur.

Le mal est si grand, le désordre économique si profond, qu'il a tout envahi et rongé, que maintenant on sent toujours derrière les nouvelles les plus douloureuses ou les projets les plus glorieux la main des lanceurs d'émission, des brasseurs d'affaires.

Des amis de Gambetta ont dit qu'il avait été calomnié par ceux qui lui supposaient des millions, et qu'il était resté net et pur de ce côté-là. Je ne serais point éloigné de le croire. Mais il dut succomber à l'enlizement, il fut pris et avalé par le sable, où les autres, pendant qu'il étouffait, pêchaient l'or; lui, qui avait la popularité et l'éloquence, il fut un petit garçon, un nain entre les pattes de financiers géants. Il fut roulé dans la boue à pepites jaunes. D'autres le seront encore, le sont déjà — d'autant mieux que l'envie de s'enrichir ou de s'arrondir dominait chez la plupart la passion de gloire qu'avait le député da Belleville !

Croyez-moi, pas d'actions de grâce en l'honneur du hasard qui élève celui-ci, ou tue celui-là. Rien de changé dans la marche des choses.

Paris le sait bien, allez ! Il a l'air de s'intéresser aux débats de la Chambre, aux promenades des ministres, à la mauvaise santé de Chambord, il s'y intéresse comme à une comédie dont il a payé les frais lui, contribuable, et dont il veut avoir le spectacle, si mesquin qu'il soit !

Quant à croire que les discours de M. Waldeck servent à rien, que ses promesses ou ses menaces font plus qu'un cautère sur une jambe de bois, non, Paris n'en croit rien : le Paris des faubourgs est comme celui du boulevard. Et le Paris des rues à banque, encore moins !

On prétend que M. Waldeck-Rousseau, interrogé sur la liberté à laisser aux cloches si le comte de Chambord meurt, a pris un air grave, froncé les sourcils, pincé la bouche. Pauvre enfant le chœur de la politique !

En lisant cela, les banquiers, qui savent bien que République ou monarchie se valent pour eux tant qu'on ne laissera pas le socialisme se mettre à leurs trousses, les banquiers ont plaqué comme un verre de monocle, un louis d'or contre leur œil et ont lorgné, par ce carreau, le mourant et le ministre, pouffant de rire, pris de pitié pour ces marionettes dont leurs mains crochues tiennent les fils !

JULES VALLÈS.

244

(Anglaises et Parisiennes.)

I

LONDRES

I

Il faut le recul pour bien voir un tableau.

J'ai fait cette remarque déjà, quand mêlé au Christmas anglais, je parlais du Noël de France. Je viens de remettre les pieds sur le pavé anglais, moins pour regarder Londres que pour juger Paris.

C'est par la comparaison qu'on contrôle les sensations et les idées, on ne décide bien qu'en plaçant les personnages ou paysages chacun à sa place et de son côté, on peut alors mesurer les hauteurs et les distances, distinguer vertus et lacunes.

Cette fois, c'est la Parisienne que je vise en faisant poser devant moi la femme de Londres.

Du coup et d'emblée, la Parisienne l'emporte par la grâce et son charme, par son génie de la toilette, sa fleur de coquetterie, le parfum de volupté qui monte de son corset, qui tombe de ses jupes ; et il est superflu d'insister, mais ce qui n'a point été assez remarqué, c'est

15 Juillet 1883.

que cette native du boulevard ou d'une
impasse, qui a l'air de l'ange du vice, a
plus de qualités terre à terre que l'Anglaise qui semble possédée du démon de
la vertu. D'où qu'elle sorte, elle a le sens
et le courage de la vie en prose. Elle apportera dans la cuisine, au guichet des
caisses, dans les affaires, autant de sens
pratique qu'un *business man*, de Londres.

Elle est, quand il le faut, chef de famille, général de boutique, elle mène
tout un régiment d'employés, elle dirige
d'une main potelée des opérations ardues,
d'un œil en coulisse elle surveille la
marche de la Bourse et des banques.

Combien de grosses maisons n'ont dû
leur élévation et ne doivent le maintien
de leur influence et de leur popularité
qu'à une initiative ou une inspiration
féminine ! Leurs doigts ont tissé la fortune du mari et dessiné le patron sur
lequel on a taillé l'avenir des fils.

Il n'en est pas ainsi pour les Anglaises.

L'Anglaise, qui, jeune fille, est son
maître, et, si innocente qu'elle soit, paraît être la maîtresse de son amoureux,
tant elle se jette volontiers dans ses bras
et s'offre à ses lèvres, l'Anglaise, une
fois mariée, change d'existence, comme
de peau, en une nuit.

Elle devient une mineure au lieu d'ê-
tre une émancipée ; elle ne s'affranchit
pas, elle s'enterre ; et entre les mains de
son mari, elle est, sur cette terre de ma-

chines, une machine à faire des enfants; rien de plus.

Le mari ne la sortira pas, il la laissera cousue par sa robe aux layettes à faire, aux draps du berceau qui ne doit pas chômer.

Il n'est pas de mode de traîner ce que l'on nomme en France sa moitié, et ce qui n'est qu'un quart ou même un cinquième de l'homme en Angleterre. Ce n'est pas mépris, dédain, — mais les affaires doivent être faites par des mâles.

La lutte, telle qu'ils la sentent et la subissent, leur semble exiger des athlètes. C'est en bousculant les gens plutôt qu'en brassant les idées qu'on fait son chemin dans cette ville terrible où d'ailleurs il pleut toujours, ce qui gâte les robes et sème les rhumes, ce qui tue la coquetterie et tuerait aussi celles qui n'ont pas des poumons de fer.

Le ciel, inclément et sombre, est comme une bâche noire tendue au-dessus des élégances.

Les trois quarts du temps, on a de la boue jusqu'à la cheville et le brouillard enfonce dans la gorge comme une pelote de coton gris.

Les femmes restent chez elles, pour ne pas être trempées ou salies, pour ne pas paraître verdâtres au reflet du gaz, souvent allumé en plein midi. Les Françaises en feraient peut-être autant, s'il y avait ainsi des déluges d'eau et de fange, sans rayon de soleil pour dorer les hallebardes des averses ou le miroir des flaques.

Ne peuvent, en Angleterre, s'aventurer au métier de coquettes que celles qui ont des millions et des laquais, qui viennent en ville aux temps chauds, quand l'été bat son plein, celles qu'une ondée ne ruine pas et n'effraie point. Elle ne craignent pas pour leur chapeau fleuri ou pour leur robe à falbalas, pouvant s'en payer d'autres si cela se défrise ou se dégomme, n'ayant d'ailleurs qu'à baisser la glace, à fermer la portière et à regarder à travers les vitres de leur voiture patauger les femmes qui vont à pied et que quelquefois l'attelage écrase.

Rares les heureuses, qu'on voit faire le tour de Rotten-Row ou se livrer au *shopping* dans Regent-Street. Nombreuses comme les flots de la mer celles qu'on ne voit plus et qu'on n'entend plus, bien que la veille elles fussent tapageuses, étourdies et parussent insatiables de compliments et toutes friandes de fanfreluches.

Elles vont traîner mal attifées et nonchalantes dans leur intérieur, déserté tout le jour par l'époux qui est à son atelier ou à son office, et il ne restera rien de leur vivacité de jeunes filles.

D'où vient cette résignation? Abdiquer, au moment où en France, le règne commence! Se condamner à la quenouille quand il s'agit d'empoigher le sceptre!

C'est qu'elles sont les esclaves et les galériennes de leur fécondité!

On ne se figure pas une Anglaise stérile. Je n'ai jamais rencontré nn ménage sans enfants.

Malheureusement, la maternité les flétrit, soit que leur chair ne soit pas pétrie comme la chair des nôtres, soit qu'elles ne se défendent pas contre ses blessures avec l'énergie des Françaises. Ainsi reléguées dans leur rôle de nourrices et d'éleveuses, elles ne songeront pas à faire le mal et on ne songera pas à les poursuivre.

Il y en a qui restent belles quand même, et à qui leur fortune permet d'avoir soin d'elles pendant que les domestiques ont soin des enfants.

Rouleront-elles dans l'adultère ? tromperont-elles leur mari ?

Où y a-t-il le plus de Sganarelles, en Angleterre ou en France ?

À Paris, peut-être.

Il sème les occasions sous les pas des curieuses et des robustes, tandis que Londres semble avoir pris à tâche de décourager le caprice et l'amour.

Où aller pour s'aimer ?

Il n'y a pas des cabinets particuliers où l'on s'enferme, boulevard des Italiens ou seulement boulevard Montparnasse qui sont à la portée de toutes les bourses, avec des canapés propices et des verrous discrets ; la voiture est venue et attend, stores baissés.

Inconnus à Londres, ces rideaux bleus ou rouges qu'on tire sur l'adultère.

Inconnus aussi ces cabriolets-paniers

et qui filent par le clair soleil du côté
des bois.

Défendu de louer une chambrette où
l'on se retrouverait à certaines heures.
Il faut accepter la maison louche qui vit
de la débauche et du chantage, ou re-
noncer à cet espoir de rendez-vous. Car
elles sont mères de famille, les landladies
qui ont les baux, et elles ne voudraient
pas sous leur toit de ces rencontres que
signaler ait d'ailleurs, chaque fois, le
coup de marteau sur la porte fermée.
On est acculé dans la vertu par les ar-
chitectes de Londres comme on est libre
des fantaisies de son cœur, grâce au con-
cierges de Paris, qui n'ont qu'à rester
muets et à faire les morts, si les amoureux ne sont pas trop bruyants ou trop
avares.

Disons aussi qu'un doigt de vin mous-
seux met vite des diamants dans les
yeux, et que les écrevisses, qui vont à
reculons, savent, quand on les a saupou-
drées de poivre, faire marcher les cœurs
en avant : on boit et l'on croque le désir
dans le cristal et la porcelaine.

Elle a dix fois plus de mérite qu'une
Anglaise à rester vertueuse, la Parisienne !

Jules Vallès.

II

(ANGLAISE ET PARISIENNE)

Londres.

Il n'y a pas de Moulin Rouge par où les Anglaises puissent, comme les Parisiennes, jeter leur bonnet — la noblesse de race ou de beauté n'a pas encore trouvé sa Pomme de pin.

Les Oysters-Rooms?

Mais les divans des chambres à huîtres sont indignes du sacrifice à consommer.

Puis cette odeur de marée que l'on aspire en plein air comme l'arome de leur gloire nationale, cette odeur, condensée ici dans la carapace des langoustes et des crabes, a un affreux relent de saumure qui empoisonne les roses dans le creux des corsages.

Une femme du beau monde anglais ne *descendra* jamais jusqu'à monter ces escaliers-là.

A Paris, les grands cabarets ont la mine brillante et fine. Les époux peuvent y venir, bras dessus, bras dessous, à de certaines heures; et c'est souvent d'un coupé armorié qu'ils sont descendus à la porte

21 Juillet 1883.

A de certaines heures, aussi, chacun pourra revenir, de son côté, pour une mutuelle trahison, — le décor est préparé pour encadrer tous les abandons.

On n'a peut-être pas encore donné de coups de canif dans le contrat, mais le premier coup de fourchette dans ce pâté aux truffes fera une égratignure à la robe, jusqu'ici agrafée et montante. Avec la truelle à saumon, le soupirant murera les derniers scrupules, gâchera de la chair blanche.

Si ce n'est pas aujourd'hui, ce sera demain qu'elle succombera; les primeurs de saison et de manières ayant avivé son appétit et agacé sa curiosité, comme les fruits verts qu'elle ramassait et croquait au pied de l'arbre, quand elle avait treize ans. C'est capiteux en diable, cette vie du soir; une vertu y saute comme un bouchon de Rœderer!

Les lumières ont ébloui la téméraire, — la nappe était si blanche, l'autel si fleuri! Les seaux d'argent et les candélabres d'or lui ont rappelé le ciboire et les lampadaires de la chapelle où elle prit l'amour de ce luxe, où elle reçut le sacrement de l'eucharistie, le sacrement du mariage, au milieu de parfums étouffants comme ceux qui pèsent dans l'air au-dessus d'elle, cette nuit, chez Bignon.

Les extases du catholicisme sont dangereuses pour la pudeur des femmes. La religion réformée n'affole pas ainsi les têtes blondes, le calvinisme n'a point les chuchottements du confessionnal, le

prêche à voix basse dans la sacristie, la
bouche du mâle en jupon effleurant l'our-
let de l'oreille et lançant là-dedans des
mots qui bourdonnent comme une cantharide dans un coquillage.

Et, au jour de la faute, c'est son
Dieu, à cette pécheresse qui est coupable, lui qui lui montre, dès le berceau,
son fils adoré dans le rayonnement des
cierges, et embaumé par la fumée de
l'encensoir.

Le Dieu anglais n'est pas le même, il
est laid, sec, tout jaune — enfermé dans
une lévite sur laquelle on ne jette, aux
plus grandes cérémonies, qu'un bout de
surplis blanc et jamais d'étole couleur
de lune, ni de chasuble couleur de soleil. Il est quelquefois coiffé, dans la
personne de ses révérends, d'un chapeau qui ressemble plus à celui de Bar-
rabas qu'à celui de Jésus.

Les ministres protestants se marient,
ont des enfants. Là réside, je crois, le
secret de la vertu et de la résignation
que l'on constate chez la mère de famille
anglaise.

Sur le terrain de l'honneur classique,
de la fidélité bourgeoise, si nous sommes
battus, c'est grâce à ce culte séduisant
qui met une perle d'ambre gris dans la
pâte de ses hosties, qui a voulu, n'en
doutez pas, s'attacher les femmes, fût-ce
au prix de leur chasteté, s'occupant d'a-
bord de les griser sans se demander si
cette ivresse pieuse n'amènerait pas l'i-
vresse païenne, si l'on n'irait pas du

calice à la coupe !

Mais que les ladies n'insultent point
nos amoureuses à l'ombre de leur nénu-
phar noir, qui étend ses ailes sur toute
leur vie.

Ce ne sont pas seulement leurs sens
qui dorment, c'est leur cervelle qui est
assoupie. Elles ont un corset de glace
qui leur gèle le cœur, mais elles ont
aussi des menottes aux poignets, et cela
finit par un poil dans la main.

Nous cherchions une raison au sacrifice de leur liberté, nous l'avons trou-
vée ! Elles abdiquent parce que l'époux
seul travaille et qu'elles n'auront plus à
lutter contre la gêne. Leur insouciance
commençait à devenir factice, depuis
qu'elles avaient grandi et pu voir combien il était difficile, pour une femme,
de ne pas mourir de faim sur le pavé de
Londres. C'est le mari qui prend la
charge du pain à gagner.

L'Anglaise préfère se croiser les bras
Lui apportera de quoi manger. *Elle* ne
s'occupera que de carotter de quoi boire.

C'est aux fioles cachées dans les coins
que cette lady fera les yeux doux. Elle
prendra peu à peu, dans sa solitude,
l'amour du whisky chaud comme braise
ou du gin gris comme de la glace, mais
qui réchauffe aussi.

Le corps, qu'on ne livre pas à l'étreinte
d'un amant, mais à *la monte* du mari
s'imbibera de ce poison.

La chair n'aura plus ni désir ni or-

gueil, le but de cette existence sera à
l'angle de la rue, là où est le public-
house. Et ces peurs qu'adore la maîtresse française qui court au rendez-
vous et embrassera d'autant mieux
l'homme qu'il y a eu un danger à vaincre, ces peurs-là la femme anglaise en
aura le frisson et la joie troublante à
propos d'un pot séché en cachette, d'une
gourde qu'on n'aura pas eu le temps de
glisser sous l'oreiller.

L'oreiller sert à étouffer les fioles,
maintenant ; l'oreiller maigre, chétif,
plat comme leur poitrine...

Ce n'est pas avec ça, Shakespeare, que
tu aurais pu étouffer Desdémona !

Ces tutoiements de flacon leur laissent,
dans les yeux et la voix, une larme de
sensiblerie, et, au coin de la bouche, une
petite salive qui se plaît à mouiller des
conversations pleines de demi-sanglots,
de moitié de sourires, de dodeline-
ments et de miaulements. Il faut voir
deux ou trois commères ensemble —
près du public-house, — s'accablant de
compliments tout en ramassant, du bout
de la langue, la saveur de la dernière
gorgée sur leurs lèvres fanées et bleuies.

Bleuis aussi leur nez, leurs joues et
leur parole qui se teinte d'azur, se veine
de minauderie.... et fait l'enfant. Elles
ont la liqueur tendre, et il reste dans
leurs phrases un peu du sucre qui était
au fond du bon verre de whisky chaud
avec lequel on vient de faire honneur à
mistress Smith — une voisine qui est

folle de son Georges et a besoin de l'oublier.

Dès qu'on s'est résigné à ne pas chercher chez elles la verve au travail, et
qu'on les a acceptées inférieures, passi-
ves et bibassières, c'est gai vraiment de
les voir ainsi confites dans leur vice mi-
gnon, et précieuses, mélancoliques, effu-
sives!

— Oh! dear, dear! ma chère, ma
chère!

La soulographie honnête, soucieuse,
bonne personne, qui n'a rien à voir avec
la furie de l'alcool dans le bas peuple,
se contente d'ensevelir, sous un flot tranquille, toute une classe de femmes, celle
qui, chez nous, est maîtresse du sol —
car c'est bien la bourgeoise qui a fait la
bourgeoisie française.

Jules Vallès.

Londres.

III

Les Bibliothèques

I

(L'Aspect.)

Londres, 24 juillet.

La grande bibliothèque de Paris n'est plus ce qu'elle était jadis, une espèce de couloir de sacristie. Il fallait marcher là-dedans à pas comptés, et les employés tout imbibés de la tradition fonctionnariste, avaient des airs de donneurs d'eau bénite derrière leurs petits bureaux où tous les livres avaient des mines de Bible ou de paroissien.

Le vent nouveau souffla, et l'Empire lui-même comprit qu'il fallait élargir l'asile des laborieux, quitte à élargir les prisons pour y loger les téméraires du journal ou du pamphlet. Il avait fait d'énormes casernes et de larges voies pour que les régiments eussent de la place et les canons leurs aises; il présida aussi à la construction d'une bibliothèque digne du Paris nouveau. Il voulut « faire grand » sur le terrain des livres morts.

Mais on sentit toujours la main du maître, la tradition de la discipline et comme une consigne militaire dans cette maison des livres.

27 juillet 1883.

L'homme choisi pour la diriger s'y promena avec des allures de capitaine implanté à son bord. S'il ne lui plaisait pas qu'on étudiât tel point d'histoire qui devait condamner l'oncle ou le neveu, le premier César ou le second, il n'avait qu'à tirer le verrou sur l'armoire où dormaient les documents.

J'ai souvent pensé que si Michelet n'eût pas plongé aux sources des Archives, il n'aurait pas écrit si juste et si neuve l'histoire de la Révolution française.

Il put se promener libre dans cette galerie du passé.

Louis-Philippe le laissa faire. L'Empire l'eût fait consigner et peut-être empoigner à la porte.

On voit que ce n'est pas assez d'avoir une bibliothèque aux flancs vastes; il faut que les outils qu'elle contient soient à la portée de toutes les mains, et que des habitudes d'espion ou de bedeau ne gênent pas les efforts de la pensée humaine. Il faut que tout lecteur qui se présente, ami ou ennemi, gueux ou riche, soit accueilli comme on accueille ceux qui entrent dans l'inconnu et le danger. Le passé, l'avenir sont à la main de ceux qui étudient et qui travaillent.

Voilà pourquoi on leur doit une hospitalité large, la liberté pleine et le salut commun à des combattants d'avant-garde. La République a apporté dans son drapeau des mœurs fraîches, et les bibliothécaires, grands ou petits, ne font pas comme ceux de jadis, penser aux censeurs et pions de collège, faisant l'étude et grognant quand on leur demandait trop de renseignements ou trop de bouquins ; cela changerait peut-être s'il revenait un patron, valet d'un maître couronné. En attendant, il n'y a qu'à constater l'influence d'un régime d'indépendance sur le mécanisme des institutions.

A constater aussi l'influence du climat et des traditions d'une race sur tous les gestes de l'individu.

Cette tyrannie s'exerce sur le terrain du travail comme sur les autres : le piocheur de Londres a une autre allure que le piocheur de Paris.

J'écris ces lignes dans une salle immense et bondée de monde.

Eh bien, on n'entend pas plus de bruit que dans une église quand l'on remue quelques chaises pour le sermon.

L'arrivée des chariots chargés de livres, la distribution de ces livres, les allées et venues des lecteurs, les explications données par le bureau se confondent dans une rumeur tranquille qui se sent plutôt qu'elle ne s'entend, et que dominent seulement les quintes de toux d'un phtisique que je connais.

Il y a longtemps qu'il tousse; mais maintenant, il est à bout. Il avait voulu « écrire », il laissera des vers.

En attendant, sa souffrance lui fend

'a poitrine et nous déchire le cœur.

On renifle l'odeur d'*étouffé* de la vie anglaise.

La salle n'est pas nue, comme celle de Paris ; avec des tables toutes plates et laissant voir tout entier le buste de l'homme. Elle a des paravents qui isolent le public en groupes muets ; le lecteur a le nez contre une palissade de bois où est accroché, creusé, vissé, ce qui l'aide à écrire et lire ; mais il n'aperçoit pas les autres, et les autres l'aperçoivent à peine. En se haussant sur la pointe des pieds, on verrait par dessus ; mais les Anglais ne songent pas à regarder, ne désirant pas être regardés eux-mêmes, et ils restent là, comme certains détenus que, dans leur prison, l'on condamne à garder la face collée contre un mur pendant que les autres tournent en queue de cervelas dans la cour.

Ils aiment l'encellulement, ici comme ailleurs, et veulent avoir une espèce de *home*, fermé et mystérieux, quand ils sont devant un bouquin, aussi bien que lorsqu'ils sont au milieu des leurs, le soir, au fond du logis sombre.

Ils ne forment pas une population curieuse, étant ainsi mornes et gelés, sans qu'il luise une étoile d'or ou de gloire dans le brouillard.

Les riches, ici, ont une bibliothèque à eux, et ne daignent pas accepter du secours des bibliothèques faites pour ceux qui ont peu de chose ou qui n'ont rien. Les pauvres, si vert que paraisse le lau-

rier de leur renommee, ne sont pas connus, point signalés ; les gens ne tiennent
pas à voir comment un romancier célèbre peut avoir le nez fait ; d'ail eurs
ce nez traîne sur des bouquins, tandis
que le front cogne la palissade ; on aurait l'air d'un détective qui flaire la
piste d'un coupable, si l'on se baissait
trop pour examiner un visage.

Mais c'est avant tout la curiosité qui
manque !

J'ai à dix pas de moi un homme dont
le nom encombra à un moment les colonnes de tous les journaux d'Angleterre,
parce qu'un autre nom était cloué au
sien, celui d'un haut magistrat, lequel
dut quitter le banc de la reine après que
sa femme eut été torturée sur le banc
des témoins, traînée là parce qu'elle
n'avait pas voulu acheter avec de l'argent le silence d'un ancien amant. Mon
voisin de travée, celui qui vient de me
frôler en passant, passe pour être le mi
sérable qui provoqua ce scandale, sema
ce déshonneur, chercha quelques livres
sterling dans ce fumier.

Eh bien, il n'inspire pas plus de curiosité que de dégoût.

On est venu pour faire une recherche,
copier un passage, et non pour regarder
un profil, fût-ce celui d'un monstre, et
nul ne songe à s'étonner de l'air vénéra-
ble qu'a gardé ce bas criminel. Si, par
hasard, on s'était trompé et que, sur un
mot venu on ne sait d'où, parti on ne
sait comment, on lui eût attaché à faux

cet écriteau sur la poitrine, il passerait jusqu'à sa mort pour un vil scélérat sans qu'on le lui dît, mais aussi sans pouvoir s'en défendre. Voilà le pour et le contre de la réserve anglaise, du mutisme éternel.

Tout le monde a l'air, en travaillant, de chercher ses péchés ou d'écrire son testament. Jamais vous ne verrez comme à Paris des mains lâcher tout à coup la plume ou le livre et se frotter à en brûler la peau; jamais vous ne verrez une tête se relever et la secouer, jamais vous ne surprendrez un éclair dans les prunelles.

A Paris, le chercheur de problèmes ou le chercheur de rimes, l'épris d'alcool ou le glouton de naturalisme trahira dans son air ou son allure la joie qui le saisit d'avoir trouvé le chiffre, le vers, l'image, le document après lequel sa pensée courait. Il est capable, ce triomphant, d'arpenter la salle pour dépenser sa fièvre, en se figurant qu'il donne le bras à sa trouvaille.

Rien de pareil, ici !

Je viens de promener mon regard dans une travée, et n'ai pu distinguer que des épaules vêtues de noir ou des tuyaux de poêle debout sur des têtes enfouies dans des favoris jaunes et moins vivantes que les binettes des mannequins que faisait mouvoir et parler le ventriloque Cole, l'autre soir, au Music-Hall du Métropolitain.

Avec cela, il y en a la moitié qui ont des bouquins de piété devant eux, qui en sont à la Bible encore, à la Bible qui prend à elle seule trente volumes du catalogue. On peut par ce chiffre se figurer ce qu'il y a de bile de puritain dans les veines de ce public ; et comme on a affaire à des natures de prêtres — de prêtres protestants, entendez-vous ? les plus blêmes de tous ! — dangereux !

Beaucoup de liseurs de livres chrétiens, de décalqueurs de missels ; beaucoup de travailleurs à deux sous et même un sou, et peut-être un liard la ligne !

Quelques pauvres filles, les unes jolies, les autres laides viennent faire des traductions ou bâcler des articles pour des magazines.

Elles savent le français, l'allemand, le latin et le grec peut-être.

Cela ne sauve pas de la misère. Il était savant aussi celui qui tousse !

Cette classe d'ouvrières en littérature n'existe pas chez nous. On les compterait sur les doigts !

A Londres elles sont nombreuses et se font ainsi une concurrence, mère de la famine.

Qu'y a-t-il encore à dire de la bibliothèque de Londres comparée à la bibliothèque de Paris ? N'oublions pas ceci : c'est que les gens qui vous apportent vos livres sont habillés comme vous et moi. Les Anglais ne croient pas qu'il soit

nécessaire, pour délivrer un bouquin,
d'avoir un collet groseille, des filets
d'argent, des galons d'or.

JULES VALLÈS.

Londres

IV

(L'Organisation.)

LES BIBLIOTHEQUES

II

Londres, 1er août.

Les garçons de la bibliothèque Richelieu ont un uniforme, une tunique à boutons de métal, un gilet rouge, un chapeau à cornes; il y a, je crois, des caporaux et un sergent. Partout la griffe de Napoléon Ier a laissé sa trace, et il faut qu'on sente la caserne, même dans le musée des lettres.

A Londres, ce sont des employés vêtus en civils qui font le service de la distribution des livres. Il me semble qu'une bibliothèque est le dernier endroit où l'on devrait voir une coiffure militaire et des plaques de drap rouge sur les poitrines. Les Anglais se sont bien gardés de ce ridicule et ont laissé aux *horse-guards* les chiffons couleur de sang.

5 Août 1883.

En revanche, il y a des roses piquées aux boutonnières; ils se fleurissent comme s'ils étaient de noce, et parfois le volume qu'ils vous apportent sent la fleur de saison. En France, on trouverait cet afficheur de bouquet indigne de sa fonction sévère, il en resterait une odeur mauvaise sur son dossier, ses chefs lui en voudraient d'avoir paru un insouciant au lieu d'être un immatriculé, et d'avoir, sans ordre, acheté et arboré trois œillets ou une touffe de réséda.

Les hommes du *British-Museum* n'en sont pas plus frivoles et plus printaniers d'allure pour cela. Ils portent leur bouquet comme ils porteraient une pierre, et le parfum qui leur chatouille le nez ne leur déride pas le front et ne leur découe pas les lèvres.

Ils font la besogne gravement et lourdement, mais sûrement et correctement. Il ne va pas vite, le distributeur de volumes, mais il va toujours.

Et sa corvée dure de neuf heures du matin à sept heures du soir!

Car la bibliothèque anglaise, ouvre une heure plus tôt et ferme une heure plus tard que la bibliothèque française, par ces jours d'été. Il est même question de donnr aux lecteurs soixante minutes de plus l'an prochain!

Il y a de quoi en rougir pour son pays.

Comment! nous, la nation lettrée

qui nous vantons d'avoir des grands siècles et de tenir le flambeau en avant de
la légion sacrée des écrivains, nous voilà
au-dessous de Londres, accusés de n'aimer que l'argent et de mépriser le talent
et la gloire !

N'est-ce point une honte que l'on ne
laisse entrer les citoyens dans le pays
des livres que comme si on leur faisait
une grâce ou un cadeau.

Mais celui qui est pris de dix à
quatre, à cinq, à six, par son emploi,
quand profitera-t-il des richesses littéraires amassées au prix de sa contribu-
tion, dans la balance du budget ?

Une bibliotèque devrait être jour et
nuit à la disposition des lecteurs.

Tout au moins, ne faudrait-il pas se
laisser dépasser et humilier par les Anglais ! — quitte à payer l'équipe plus
cher !

Je ne demande pas plus de travail
pour la même somme, déjà dérisoire,
mais qu'on solde les heures en plus —
dépense maigre, récolte grasse.

Après tout, les privilégiés seuls peuvent profiter de ce bien dit national, et
il n'y a que ceux qui chôment ou qui
ont des rentes, ou dont c'est l'unique
métier d'écrire, qui ont le loisir de tenir
ces séances d'après-midi, entre le dé-
jeuner au petit pain dans la salle et le
dîner chez soi, avant lequel il y a deux
heures à assassiner !

Disons en passant que le *British-Mu-*

seum a son buffet dans la maison, qu'on y trouve à prix ordinaire une tasse de chocolat fumante, une cotelette grillée, du café pour se réveiller, de la limonade pour se rafraîchir.

Ce serait donc bien difficile d'avoir un coin semblable dans la bibliothèque de Paris, où l'on est obligé de rester avec la faim dans le ventre, sous peine de perdre le fil de ses idées et peut-être les feuillets de son manuscrit, si l'on a l'imprudence de sortir pour aller chercher au diable une nourriture, que l'animal lisant devrait avoir dans la ménagerie !

On a parlé du danger d'incendie, avec l'éclairage du soir.

Mais l'électricité n'a pas été faite pour les chiens !

Le *British-Museum* allume ses lampes en plein midi, quand le brouillard entre comme une fantôme dans la salle et veut couvrir tout de son suaire gris. Dans la saison d'hiver on voit clair aussi, grâce cette expansion de lumière sans flamme, et celui qui est apte au travail peut passer là des journées qui valent des semaines, sur leur longueur de dix heures.

Du reste, toutes ces frayeurs à propos du feu, comme toutes les réflexions lâchées sur ce sujet, ne sont que les échos de la tradition *étatiste*, à la fois orgueilleuse et fainéante !

Il faudra pourtant bien que Paris n'ait pas à rougir éternellement devant

Londres ; un jour viendra où l'opinion publique mettra sa main entre la porte et les gonds, sans que l'on ose l'écraser !

Il s'agit de préparer ce moment, chacun dans la mesure de ce qu'il peut et de ce qu'il sait. Quiconque a fréquenté le *British-Museum* s'étonne de la situation dans laquelle s'entête et s'attarde notre Bibliothèque nationale.

Ne parlons pas d'une révolution à faire. Mais il est telles réformes de détail qui devraient depuis longtemps être accomplies.

J'ai sur une table, autour de moi, des volumes que je n'ai eu qu'à choisir tout à l'heure parmi les *reference-books*, sans avoir à consulter les volumes du catalogue, ni à rédiger un bulletin. On sait l'avantage de ces prises de possession soudaines.

Pourquoi n'élargit-on pas le rayon ? Qui empêche d'agrandir ce département ?

Pourquoi, d'un autre côté, ne pas adopter un système de catalogue qui ne condamne plus les bibliothécaires à être de simples machines à écrire et à chiffrer ?

Le bibliothécaire anglais, le lettré, qui a l'honneur de siéger au centre, n'est pas rivé à cette besogne dont s'acquitterait aussi bien un garçon en gilet rouge, puisque gilet rouge il y a.

Il se contente d'éclairer les indécis ou les ignorants dans leurs recherches à travers les glorieuses catacombes ; il ne

griffonne pas, il dirige ; ce n'est pas un
marin, c'est une tête, un catalogue d'i-
dées, et non une vis une manivelle.

Je regrette pour les bibliothécaires de
Paris ce rôle d'estampeur banal.

Le lecteur devrait-il, pour son compte,
être obligé de leur faire tâter de l'œil
son stock de livres ou de manuscrits,
comme à la douane, quel métier de suspects pour les uns et de gabelous pour les
autres ! Sans garantie vraie ! Là, si l'on
voulait voler, on cacherait le vol sans
peine et sans péril.

Formalités sottes, précautions vaines !

Si je néglige ces détails et veux regarder de plus haut, cette fois encore, je
suis humilié plus douloureusement encore au nom de la patrie.

Celui qui veut fouiller l'histoire de
nos révolutions, trier les cendres des
guerres civiles, filtrer leur sang, trouvera
ici plus de traces de ces luttes que dans
les galeries de la rue Richelieu, et sur le
théâtre même des batailles.

J'ai pu vivre en pleine terre nationale
pendant neuf ans d'exil, grâce à ce gre-
nier tout plein de notre blé, tout bourré
de livres sentant notre bitume et notre
poudre. C'est un contrepoids à la Bible,
cette Bible que n'avaient pas les vaincus
de nos guerres civiles.

Ils profitent d'elle pourtant ces impies !

Devant l'encellulement et dans le silence de ce *British-Museum*, le Français se sent triste et comme épouvanté. Mais cette paix morne ne nuit pas au travail, il est plus vrai de dire qu'elle l'encourage et qu'elle l'impose.

En ce milieu nu et triste, la pensée naît et grandit, triste et nue, elle aussi — nue comme la vérité, triste comme la misère !

C'est la Bible qui a répandu autour d'elle ces habitudes d'isolement et de silence, comme c'est elle qui a inspiré l'architecture des maisons isolées et noires, dans lesquelles on est condamné à se recueillir, si l'on ne veut mourir du spleen, et celui qui pioche les sujets graves n'en creuse que plus profond le terrain de l'histoire, en cette atmosphère de mélancolie et de méditation !

Ville morte au plaisir et ouverte au travail !

Le malheur est que ceux qui croient en Dieu n'ont pas besoin de conclure et attendent tout de la Providence. Voilà pourquoi l'esprit anglais ne sait pas classer ni déduire, voilà pourquoi mes voisins de la bibliothèque anglaise, tout en bûchant plus qu'on ne bûche chez nous, ne feront pas sortir du sol des idées nettes et claires. Leurs pensées flottent dans le brouillard, leur soleil s'y noie !

Il faudrait mêler le génie des deux races ! Au lieu de cela, elles se haïssent et parlent parfois de s'égorger !

Jules Vallès.

P.-S. — On m'apprend à l'instant que les administrateurs du *British-Museum* ont résolu de demander au gouvernement de garder la bibliothèque et et même le département des collections rares ouverts jusqu'à DIX HEURES DU SOIR. Dès cet hiver, on ne fermera qu'à huit heures. — J. V.

Londres

V

(Petits cotés d'un grand drame.)
(Un coin de la vie de misère.)

Londres, août.

Instinctivement, j'ai cherché, ce matin, dans la bibliothèque anglaise, quelque livre qui me parlàt de la France de 1870. Dans les premiers jours d'août, chaque année, il y a des cœurs de patriotes qui battent plus fort. C'est le souvenir qui revient sans qu'on l'appelle et l'on croit entendre une marche terrible sur un tambour voilé.

Il y a treize ans, à pareille heure, Paris se sentait pris d'une douleur sourde qui finit par lui arracher de grands cris sur la place publique. Une fois le branle donné, il y eut la révolution républicaine, mais la patrie ne fut pas sauvée et son sang coula par les pores.

On a tracé les grandes lignes rouges et montré le cadre immense et sombre de l'année terrible.

Mais quelques écrivains sont descendus des hauteurs où se tient avec des airs de statue, la Muse sévère de l'histoire, et ont raconté sans solennité d'accent et sans apparat de style, mais avec sincérité et émotion, avec exactitude et franchise, les détails humains et simples qui ont constitué l'ensemble de l'épopée.

12 Août 1883.

Un de ces livres signé Adolphe Badin porte le titre significatif : *Les Petits côtés d'un grand drame.*

Je donnerais pour ce livre bien des volumes d'allure grave, et dont les feuillets semblent frissonner sous un souffle héroïque. Il est facile d'entrer dans la peau du lion classique où se forment quelques faiseurs de grandes phrases, qui n'ont pas eu besoin de suivre la bataille, encore moins envie d'être englobés dans la défaite, et se contentent de sonner le tocsin des mots.

Je préfère l'écrivain qui ne dit que ce qu'il a vu, et nous apporte *ses émotions*, rien que cela.

C'est avec ces riens qu'on reconstitue le drame. La bataille de Waterloo nous est entrée tout entière dans le cerveau et son tumulte gronde dans le fond de nos cœurs, grâce au récit étroit de Stendhal dans la *Chartreuse*. Il ne nous montre qu'un coin. Mais de ce coin-là, on embrasse le ciel et l'enfer, l'horizon et la plaine.

M. Adolphe Badin écrit avec le bout de sa baïonnette de simple soldat, et l'on peut lire la douleur de toute une armée, dans les dentelures de son carnet. Il avait pour pupitre son havre-sac galeux de boue ou poissé.

Quelques-uns des paysages et des portraits jetés au hasard de la route dans le livre de havre-sac, sentant l'herbe et la poudre, m'étaient revenus à l'esprit, et je voulais revivre la vie d'il y a treize ans, les yeux dans ce fragment de mirage du passé !

Je n'ai pas trouvé le livre.

Mais c'est comme une désertion devant l'ennemi, comme une giberne violée de la moitié de ses cartouches ! Et à ce dessinateur des soirs de bataille, des matins de capitulation, je crierai qu'il doit faire le coup de feu pour la vulgarisation de l'idée comme il le fit pour le salut de la patrie.

Il doit y avoir un droit des lettres comme il y a un droit des gens, et il faudrait que tout écrivain fût obligé d'adresser à chaque grande bibliothèque du monde un échantillon de son cerveau, un exemplaire de ses œuvres.

J'aurais voulu avoir sous ce ciel anglais un tableau du Paris blessé et trahi loin de ses murs, là-bas du côté de Sedan.

J'aurais voulu aussi opposer la Commune, telle qu'elle fut, à la Commune telle que M. Badin l'a vue, se trompant cette fois du tout au tout, et étant aussi injuste et aveugle en face de la révolte des fédérés, qu'il a été impartial et ému devant la guerre et l'invasion.

Ne pouvant lire cette messe des morts, je me suis tourné du côté de la misère, marraine en guenilles des révolutions, bétail en uniforme mangé par les batailles, me souvenant d'un livre inconnu où il est parlé avec une éloquence faite aussi de simplicité, de ceux qui meurent à la

peine dans les houillères de Belgique et
de ceux qui crèvent de faim dans les bas-
fond de Paris.

Ce livre-là, non plus, un des plus
honnêtes et des plus émouvants que je
connaisse, n'est pas dans la Bibliothèque anglaise.

Il est malheureux que l'auteur d'un
Coin de la vie de misère, n'ait pas connu les affamés et les assoiffés de Londres ; qu'il n'ait pas tâté les haillons
fangeux et hachés de ses vagabonds, et
j'aurais tenu à avoir son volume sous la
main pour comparer ces gueux-là aux
gueux qu'il a peints.

Au moment de laisser reposer le pinceau avec lequel j'ai essayé de brosser
quelques pans du Tableau de Paris,
alors que je vais ramasser tout le long
des ruisseaux des notes pour un Tableau
de Londres, je trouve une joie profonde
et saine à remercier ceux qui ont compris Paris et qui ont fait l'histoire de ses
héros obscurs, assassinés dans l'ombre
par la cruauté d'une race, ou massacrés
par le crime d'une dynastie sous un drapeau vendu.

C'est surtout quand je regarde du
haut des tas de fange humaine qui font
meule dans le champ de famine anglais,
que j'aime la ville de combat, qui a tant
souffert et tant saigné.

Elle a ses indignes et ses plaies, comme les autres ; mais on les compte par
pelotons et non par régiments.

C'est le travail qui chez elle tue les hommes, c'est plutôt la vie qui ronge les entrailles aux faubourgs de Londres.

Londres a la liberté politique; Paris veut l'égalité sociale.

Jules Vallès.

Table

La France

Le Faubourg St Antoine I
Le pays des Émeutes. 3

Le Faubourg Saint Antoine II
La trôle. 11

Le Faubourg St Antoine III
Les Italiens. 19

9

Le Quartier latin I
Fin de la légende

Le Quartier latin II
Changement de public. 31

Le Quartier latin III
Les Études Mortes. 37

10

Londres et Paris. 45

La Rue des Cordiers. 53

Les Affiches.
M. Céleste Jérôme - Vente Gill -
Condamnations. 61

Suite.

Le Théâtre I
    Les Premières I
    { Sous l'Empire. 69

Le théâtre II
    Les Premières II
    { La Fin de la Critique. 77

Le théâtre III
    L'Avènement de la Fille.
    { Le Boulevard du Crime 85

Le théâtre IV
    L'Acteur rangé 91

Les Cafés-concerts 97

Les Cénacles I
    Théophile Gautier-Baudelaire.
    { Leconte de Lisle 103

Les Cénacles II.
    L'Agonie 111

Les Émeutes.
    Au Champ de Mars.
    { A Louis-le-Grand 117

Suite.

Le Printemps de Paris.   125

Self-Défence.
          Les Juges du Quartier
       { L'affaire Monastério .   133

Le Luxembourg.   141

Les Tuileries.   149

Les Champs-Elysées.   157

Le Cirque d'Été.   163

Le Salon.
          Charles Maréchal - Jules Héreau.   171

L'Union foraine.
          Le Syndicat des riches.   179

Le Dimanche. I.   187

Le Dimanche. II.   195

L'Incendie.   203

La Banlieue morte.
          Le Départ pour la Mer. 209

Fin.

La Foire de Neuilly.   217

Le Jeu-de-Paume.
        Le Livre de Leverdays.   225

Les Femmes d'émeute.
    Condamnation de Louise Michel. 231

Maladie du Comte de Chambord.
        L'Argent Roi. 237

Londres I
    Anglaises et Parisiennes. I 245

Londres II
    Anglaises et Parisiennes. II. 251

Londres III
    Les Bibliothèques I
        L'Aspect. 257

Londres IV
    Les Bibliothèques II
        L'Organisation 265

Londres V
    Petits Côtés d'un grand drame.
    Un coin de la vie de Misère 273

Fin.

La Foire de Neuilly.   217

Le Jeu-de-Paume.   Le Livre de Leverdays.   225

Les Femmes d'émeute.   Condamnation de Louise Michel.   231

Maladie du Comte de Chambord.   L'Argent Roi.   237

Londres I   Anglaises et Parisiennes. I   245

Londres II   Anglaises et Parisiennes. II   251

Londres III   Les Bibliothèques I   L'Aspect.   257

Londres IV   Les Bibliothèques II   L'Organisation   265

Londres V   Petits Côtés d'un grand drame.   Un coin de la vie de Misère   273

* 9 7 8 2 3 2 9 2 9 2 6 7 0 *